尽善尽美　　弗求弗迪

深度融合

互联网生态下的 微创新方法

谭承军◎著

电子工业出版社

Publishing House of Electronics Industry

北京·BEIJING

内 容 简 介

本书从互联网经济的深度融合角度出发，分别从势能聚焦、重度垂直、众包协作、情怀植入、爆品打造、深度连接、持续互动、体验塑造、流量引导、营销引爆10个方面，系统地论述了在垂直细分领域实施"互联网+"的商业逻辑和实践方法。

书中从移动互联网时代的商业大势着眼，既分析了传统企业的互联网转型方式，也探讨了互联网企业在新领域的深层探索，集中解构了企业在"互联网+"的大潮之下，应该如何进行颠覆性创新，希望能够对广大读者有所启发，从而更好地付诸于创业实践，收获成功。

本书可供创业者、企业领导者、一般运营人员，以及关注"互联网+"大势和准备进行互联网创业的广大人士阅读。

图书在版编目（CIP）数据

深度融合：互联网生态下的微创新方法 / 谭承军著. —北京：电子工业出版社，2016.8
ISBN 978-7-121-29361-0

Ⅰ. ①深…　Ⅱ. ①谭…　Ⅲ. ①企业创新—研究　Ⅳ. ①F270

中国版本图书馆CIP数据核字（2016）第157845号

责任编辑：郝黎明
印　　刷：三河市兴达印务有限公司
装　　订：三河市兴达印务有限公司
出版发行：电子工业出版社
　　　　　北京市海淀区万寿路173信箱　　邮编：100036
开　　本：720×1000　1/16　印张：18　字数：234千字
版　　次：2016年8月第1版
印　　次：2016年8月第1次印刷
定　　价：42.00元

凡所购买电子工业出版社图书有缺损问题，请向购买书店调换。若书店售缺，请与本社发行部联系，联系及邮购电话：（010）88254888，88258888。

质量投诉请发邮件至zlts@phei.com.cn，盗版侵权举报请发邮件至dbqq@phei.com.cn。

本书咨询联系方式：（010）57565890，meidipub@phei.com.cn。

在移动互联网的冲击之下，万物互联来临，商业巨头、众多企业家和创业者正深刻地感受着这种颠覆式力量所带来的冲击力。众多企业经营者在焦虑和不安中，不得不锐意进取、快速行动，生怕自己错过了这股移动互联网浪潮，害怕来不及转身便被打败。互联网企业更上一层楼，传统企业也不甘落后，双方都在以跨界生长和分裂重组的方式进行着颠覆与再生。

对此，一向以淡定、低调著称的李彦宏也大声疾呼："中国互联网发展到今天，正在加速淘汰传统产业，所有的传统产业都面临着互联网的冲击。传统产业再不行动起来，估计连怎么死的都不知道。"因此，对于众多的企业经营者，特别是创业者和传统企业经营者来说，如何顺应这股商业潮流，掌握移动互联网时代的生存法则就显得尤为重要。

李克强总理在两会期间曾经格外强调了"互联网＋"的思想，所谓的"互联网＋"即一种新的经济形态，即以互联网思维和方式架构传统行业，实现跨界式创业、创新和颠覆。这条政策为传统企业提供了一个发展的风口，传统企业必须用移动互联网时代的思维和方式将传统与网络相融合，自己颠覆自己，实现新的突破。

传统企业的商业决策和流程方法没有错，错的是在移动互联网的发展过程中，它们一步步走到了成功的基因之外，或者说在互联网时代，没有互联网基因，才是最大的问题。

马云说："没有传统的企业，只有传统的思想。"正是意识到互联网基因的薄弱，传统企业才开始跨界，将互联网基因与自身相融合。例如，海尔正在发展"企业平台化、员工创客化、用户个性化"战略，苏宁电器在向苏宁云商转型，美的联合小米打造智能家居。在传统的模式中发展固然舒适，但是在工业 4.0 时代，传统企业面临的不是发展问题、道路问题，而是存亡问题。

本书从互联网经济的深度融合角度出发，分别从势能聚焦、重度垂直、众包协作、情怀植入、爆品打造、深度连接、持续互动、体验塑造、流量引导、营销引爆 10 个方面，系统地阐述了在垂直细分领域实施"互联网 +"的商业逻辑和实践方法。

衷心地希望本书能给广大读者朋友在工作和生活上带来帮助。如果您发现书中的不足之处，还请提出宝贵的意见和建议。移动互联之路变幻莫测，我们还需要一起学习，一起创造，一起颠覆。

作者

第3章　众包协作——与核心用户共谋以迎合需求 / 56

作为一种新的商业模式，众包能够汇集大量的外部资源加入企业的发展过程中，形成企业与客户、与社会的交流和互动，增强企业的社会影响力，为产品的研发和销售，乃至为企业的全面发展贡献出巨大力量。

第4章　情怀植入——讲故事，塑造品牌个性 / 82

在这个情怀至上的年代，每一个消费者都有潜在的价值观和需求点。企业学会讲故事、塑造品牌个性，对品牌营销有着十分巨大的推动作用。谁更用心，谁更有情怀，谁就更有机会成功。

第5章　爆品打造——用极致思维打造大单品　/ 109

雷军说，极致，就是把自己逼疯、把别人逼死。通俗地讲，在商业竞争中，谁能在同质化十分严重的市场中坚持将产品做到极致，为自己的企业开发出一款让人惊艳的、独一无二的爆品，谁就有机会引爆用户的消费热情。

第6章　深度连接——实现线上线下的深度连接　/ 140

从运营的角度而言，线上线下的真正结合才是互联网时代产品营销的关键。只有当线上线下实现深度连接，并且在连接中解决从陌生到信任的瓶颈，构建连接场景，接入客户习惯，完善支付闭环，才算最终完成了商业模式的闭环。

营销是企业运营中最重要的环节，也是最直观的变现节点，话题引爆是产品营销的最简单方式。讲好一个故事，引爆一个话题，抓住用户的眼球，何愁没有"粉丝"与口碑？

第1章

势能聚焦
——聚集势能在针尖大的点上

一滴水甚至无法击穿荷叶，然而无数滴水击于一点，再坚硬的岩石也会被洞穿。同样，一旦企业能够找到某个可以凝聚势能的焦点，并且聚焦于该点，势必将会形成强大的竞争优势，横扫一切对手。

全行业都在聚焦"互联网+"

20年前，互联网的星火在中国的沃土上燃起，马云、李彦宏、马化腾等一大批中国互联网人借着时代的东风，将星星之火发展成燎原之势，一步步地带领着中国互联网走向了成功。互联网经济的茁壮成长，不仅改变了人们的生活方式，更在思维模式上对国人产生了空前的洗礼。如今，互联网3.0时代已经开启，在移动互联网技术的牵引下，"互联网+"模式正在又一次颠覆传统，创造未来。

2015年3月5日，国务院总理李克强在两会上发表了意义深刻的政府工作报告。在报告中，李克强总理8次提到"互联网+"，并着重强调了"制订'互联网+'行动计划""推动移动互联网、云计算、大数据、物联网等于现代制造业的结合""促进电子商务、工业互联网和互联网金融健康发展"等概念。另外，在十二届全国人大三次会议闭幕后，李克强总理在中外记者招待会上回答有关"网购"的提问时，也说道："互联网上流行的一个词叫'风口'，我想，站在'互联网+'的风口上顺势而为，会使中国经济飞起来。"

李克强总理的讲话，一方面向我们传达了国家对于用互联网思维改造传统企业的鼓励与支持，另一方面也表明了互联网与传统企业的深度融合有着巨大的潜力。那么，什么是"互联网+"？怎样才能实现"互联网+"呢？只要是传统企业与互联网发生交集，就可以称为"互联网+"了吗？

在 2015 年上半年国家发展和改革委员会提交的《关于 2014 年国民经济和社会发展计划执行情况与 2015 年国民经济和社会发展计划草案的报告》中，对于"互联网 +"给出了明确的解释："'互联网 +'代表一种新的经济形态，即充分发挥互联网在生产要素配置中的优化和集成作用，将互联网的创新成果深度融合于经济社会各领域之中，提高实体经济的创新力和生产力，形成更广泛的以互联网为基础设施和实现工具的经济发展新形态。"

也就是说，"互联网 +"是在互联网的基础上，实现传统企业的转型与突破创新。而单纯的"+ 互联网"则只是使用互联网技术构建一个新的渠道，依旧限制于传统企业本身的规则与习惯，互联网在生产要素分配中所具有的优化和集成的作用，难以得到充分发挥。因此，互联网和传统企业的深度融合，势必是以互联网为基础和主导，倒逼传统企业。

当然，这个"+"并非一蹴而就，也需要一个循序渐进的过程。从简单的"+ 互联网"逐渐向"互联网 +"过渡，从营销、渠道的互联网化到产品互联网化，最终实现企业和行业全面的数字化和网络化，这是一个循序渐进的过程，也是中国经济在时代召唤下所必须完成的无上使命。

事实上，"互联网 +"的概念虽然在 2015 年才被李克强总理正式提及，但互联网与传统行业的融合早已发生。在过去的几年里，"互联网 +"早已发生在零售、金融、生活服务等诸多领域当中，并产生了巨大的影响。这也使得许多传统企业逐渐改变了对于互联网的质疑与抗拒，转而主动拥抱互联网。以 BAT（百度、阿里巴巴、腾讯）三巨头为首的互联网企业，更是在"互联网 +"的道路上身先士卒。

2015 年年初，阿里巴巴宣布与美的集团达成了深度合作协议，双方将在物流仓储、智能云平台、产品定制、线下线上渠道打通、大数据等方面全面深化合作。除此之外，阿里巴巴还通过天猫、支付宝、菜鸟物流一步步从消费端向运输与生产断渗透（图 1-1）。目前，身为国内第一大互联网公司的阿里巴巴，跨界投资项目几乎涵盖了餐饮、电影、酒店、购物等全部传统的商业领域。

图 1-1　阿里巴巴的五大"互联网 +"业务

相比之下，另一巨头腾讯也不甘示弱。凭借自身强大的社交流量和业务遍地开花的优势，腾讯在"互联网 +"的进程中扮演一个"连接一切"的角色。在整个 2014 年，腾讯共投资了 25 亿美元，实现了本地生活服务、打车出行、电商、物流、医药等多个领域的跨界与融合。通过微信、QQ 通信平台，腾讯将人、设备与服务三者彼此之间两两相连，结合自身业务和投资，打造了一个"互联网 +"的生态圈。尤其是微信，俨然已经成为人们的"移动 ID"。

从体量上来说，京东也许无法与 BAT 等巨头相提并论，但在"互联网 +"的道路上，京东也是互联网军团中不折不扣的先锋军。从 2004 年踏入电商领域，并且自建物流体系开始，京东就已经迈出了实践"互联网 +"的脚步。2014 年年初，京东推出了"JD+"计划，借助京东云平台等技术资源，在一年多的时间里，推动了一大批传统制造业智能化的脚步。凭借自身"互联网 + 零售"的基因，京东还将带动更多领域中的传统行业加入到转型升级的大潮当中。

2014 年全国主要零售商关店数量增加了 470%，而淘宝"11 · 11 购物狂欢节"一天的成交额就超过了 570 亿元；微信月活跃用户数量超过 5 亿，也宣布通信运营商告别了高增长时代；全国 78% 以上大型超市便利店购物支付宝付款已经成为了一种常态；百度也以全年 319.44 亿元人民币的广告收入一跃超过了代表传统传媒制高点的央视，成为了国内最大的广告平台……所有数据都在指向一件事——"互联网 + 传统行业"正在成为互联网巨头们颠覆传统的利器。

然而，面对互联网企业的步步紧逼，传统企业自然不会甘于消亡。以海尔、苏宁为代表的大型传统企业，也已经纷纷开始了"互联网 +"的探索。

也许两三年前，海尔还只是一个家电企业，但两三年后的今天，这个定义对于海尔来说就明显是过去时了。2013 年下半年，海尔提出了一个名为"小微"的新兴项目组织结构，专门代指在海尔创业平台上孵化出来的创业公司。海尔以投资入股的方式，孵化了近千个创客团队和转型项目。其中，在网络上火爆热销的"雷神游戏笔记本"就是海尔孵化的一个成功品牌。

这种"小微"孵化的模式，打破了海尔发展的边界。2014 年 6 月，海尔还推出了一款名为"车小微"的服务。这一服务类似于滴滴打车，在海尔物流平台的送货车上装载 GPS 定位系统、POS 机和定制的平板电脑，划分地域之后，每辆车通过抢单来获得订单，而抢单的成功率与用户评价挂钩。

除此之外，海尔还在金融、智能家居等领域与阿里巴巴、魅族等具有互联网基因的企业开展了合作，其互联网化的决心可见一斑。用总裁张瑞敏的话来讲，就是"我们不能让 BAT 三足鼎立，我们要让他们知道，海尔也是一家与时俱进，一家聚焦于'互联网+'的公司。（图1-2）"

图1-2　张瑞敏在"海尔互联网模式创新国际研讨会"上发表讲话

　　与海尔的大刀阔斧不同，苏宁的转型显得中规中矩，但我们足以从其转型中品味出"互联网+"的味道。2010年，苏宁推出了重要产品——苏宁易购，专注于为消费者提供网络购物服务，而在2013年，在互联网化最成功的O2O（Online to Offline，线上到线下）模式开始兴盛之前，苏宁便率先将苏宁易购更名为"苏宁云商"，实行"去电器化、全品类"等一系列举措，为传统家电企业的发展打开了一扇"逆袭"互联网电商的"天窗"。

　　2014年起，苏宁又相继发力在线母婴和在线超市两大互联网零售市场，并且积极进入互联网金融领域，同时还拿下虚拟运营商牌照，收购了PPTV……目前，苏宁已经完成了对平台自身物流、信息流及资金流的互联网改造，并将物流云、零售公有云、金融云等三朵云的成果，向第三方合作者和供应商开放，提供精准、高效的物流体系、数据分析和征信与风控体系。

　　这三朵云，正是苏宁对于移动互联网、云计算、大数据技术的成功应用，是传统行业"互联网+"转型的成功。苏宁的一系列举措都在证明，传统巨头苏宁对于互联网的应用已经融入到血液当中，一旦其与互联网化实现完美融合，其力量势必会无比惊人。

除了互联网行业的倒逼和传统行业的自主转型，在"互联网+"的概念催生下，还有一大批创业型企业应运而生，而这些"互联网+传统行业"的开拓者，不少都获得了巨大的成功。

以黄太吉为例，作为一个"卖煎饼"的个体户，黄太吉能够发展到今天的规模，完全是得益于他的互联网思维。除了在产品本身下了一番功夫，黄太吉还十分重视运用微博、微信、点评网站、LBS（基于位置的服务）等互联网手段进行营销。

与其他互联网营销不同，黄太吉的微博并不只是对于自己产品的宣传，而是以话题的形式，带动用户讨论互动，增加内容的附着性。例如，煎饼店开进CBD（中央商务区）、开豪车送煎饼、煎饼相对论公开课等，利用传播度高的话题，不仅让"粉丝"们本身津津乐道，而且能扩大传播面，引起广泛讨论。

除了以黄太吉、河狸家、饿了么等成功企业为代表的本地生活服务，以IP（知识产权）为主导的泛娱乐产业也随着"互联网+"的浪潮发生了巨大变化。不仅《盗墓笔记》《张震讲故事》等知名IP纷纷被搬上银幕，《同桌的你》《栀子花开》等以热门歌曲为主题的电影在上映后也受到了"粉丝"们的追逐。不得不说，互联网思维的注入，确实达到了有效整合上下游优势资源，提升资源利用效率的效果。

"互联网+"是时代大势，是大势所趋，全行业都在聚焦互联网已经成为当下中国经济，乃至世界经济的重要特征。所以，随着信息技术的不断发展和完善，更经济、更便利的互联网，势必将作为一种基础设施被广泛应用到各个产业当中去。而作为创业者，这样的大变革时代，恰恰是建功立业的绝佳时期。

紧跟着时代的脚步，将目光聚焦于"互联网+"，用一种互联网人的思维，打破传统，实现互联网与传统的融合。如果你做到了，或许你就是下一个乔布斯、下一个马云，乃至下一个比尔·盖茨。

聚焦是新时代的突围法则

有理由相信，创业虽然未必是人人都曾有过的体验，但大多数人小时候都玩过放大镜。一束阳光经过凸透镜的折射，最终汇聚到焦点，将一张白纸放在焦点上，只需要一小会儿，白纸就会燃烧起来。原本温和的阳光，汇聚在一点便能够产生火焰的温度，让纸燃烧，这就是聚焦的力量。

如今，各行各业都在聚焦"互联网+"，但无论是企业还是创业者，想要一展身手，想要引爆市场，还要将焦点进一步缩小，集中力量，才能办大事。

前些年，人们一直都在讨论多元化、平台化，尤其是杰克·韦尔奇将GE（通用电气）成功打造为一个多元化夸业集团之后，国际上众多企业纷纷效仿，可惜成功者却是寥寥无几。

这些效仿者中，最知名的当属索尼。20世纪80年代，在日本战后经济辉煌期发展起来的索尼极力扩展产业链，涉足消费电子、软硬件等多个业务领域，并斥巨资并购了美国哥伦比亚电影公司及其相关产业。由于对电影行业的不了解，以及过快的扩张速度，索尼集团就开始走上了"经营不善"的道路。2014年年初，索尼的信用评级更是被美国穆迪降调至"垃圾级"。

定位大师劳拉·里斯曾经做过这样一个对比：索尼与任天堂最有潜力的业务都是游戏机，但任天堂专注于视频游戏机的销售，索尼则是一个综合型企业；2007 年时，任天堂的销售额达到 43 亿美元，市值为 838 亿美元，而索尼虽然有着 705 亿美元的销售额，却只有 468 亿美元的市值。

为什么索尼效仿已经获得成功的 GE，最后却落得"四不像"的下场，而体量极小的任天堂却能够通过专注做游戏取得空前成功？根源就在于聚焦。

GE 虽然业务分散，但在韦尔奇的打造下，它的每一个板块都能够抓住核心，专攻重点业务，而索尼却是邯郸学步，甚至连表象都没有模仿成功，更别说内在精髓了。

在"互联网+"浪潮的推动下，以 BAT 为首的众多互联网企业又开始在 O2O 领域不断跑马圈地，尝试建立商业生态系统。但除非有这些巨头企业那样的人力、物力和财力，否则建立一个商业生态圈谈何容易。

GE 之所以能够成为一个成功的多元化跨业集团，除了其自身拥有100 多年的发展历史作为基础，另一个很重要的原因是 GE 目前所存留的业务，在各自的领域当中无一不是"数一数二"的。所有不能在该领域当中处于领先地位的业务，都被 GE 剥离了。同样，以"连接一切"为口号的"无孔不入"的腾讯，在打造自己的商业帝国的同时，也一直在不断筛选，将不合时宜的业务剔除。阿里巴巴与百度商业生态圈的背后也有着雄厚的资源作为支撑。

无论是对传统企业、互联网企业，还是众多创业型企业，甚至对全球商业而言，"互联网+"都是一个崭新的领域，在发展并不成熟的情况下，想要一口吃成个胖子，最终只会贪多嚼不烂。

所以，企业想要在移动互联网时代战胜成千上万的竞争对手，首先要做的就是找到自己的优势，把全部力量都集中在优势的一点上，以点破面。而想要做到以点破面，想要发挥出聚焦的力量，首先要做的就是做减法，把多余的想法抛开，把无关紧要的业务斩掉，把力量都集中在一件事情上。就像《孙子兵法》中说的："并敌一向，千里杀将"，只要集中兵力指向敌人一处，就能长驱千里、夺旗斩将。

抗日战争和解放战争时期，共产党在兵力上并不占据优势，而最终之所以能够取得战争的胜利，正是得益于毛泽东"集中兵力，各个击破"的八字方针。做企业就像行军打仗，力量越弱越要集中。著名的十大军事原则就有"每战必集中优势兵力"的原则。甚至可以说，无论是在荷枪实弹的真正战场，还是在其残酷程度比之战场有过之而无不及的商场，只要能够充分运用好优势聚焦的作战法则，便一定可以取得最终的胜利。

20 世纪 90 年代初期，华为正在与国内的主要竞争对手中兴争夺市场份额，而当时，中兴在河南市场拥有十分明显的优势，中兴业务员在河南市场所做的成绩甚至比华为销售员的两倍还要多。面对这样的劣势，为了成功打开河南市场，任正非当机立断，决定集中华为优势兵力，直取河南。

在任正非的一纸调令之下，那些分散在世界各地的近千名华为销售精英纷纷停止手上正在进行的工作，在几天的时间内齐聚河南，为进军河南市场共同努力。

面对华为如此强大而集中的阵容，河南市场的中兴销售人员只能叹息到："华为太狠了，1∶100 的实力对比，胜负是明摆着的。"

正是华为的这种聚焦，才使得华为能够取得今天的成就和地位。

而在《华为基本法》中则明确地写着："为了使华为成为世界一流的设备供应商，我们将永不进入信息服务业。"这一法规同样是华为坚持聚焦法则的充分体现。

随着经济和技术的不断发展，现代企业的经营本质已经不能止步于"满足需求"，要更进一步深入到体验环节，要让用户从主观上接受产品，而不仅仅是为了满足客观需求。

这种情况下，一个企业想要成功就不能仅仅靠产品数量取胜，而是要靠质量取胜。产品就是篮子，企业发展所需要的各种资源就是鸡蛋，鸡蛋放在不同的篮子里比较保险，但前提是你要有那么多的鸡蛋可以分开放，还要有足够的钱去买足够结实的篮子。

互联网时代遍地都是机会，这是机遇，也是陷阱。在没能具备足够的实力之前就贸然进入多个领域，甚至是经营过多的品类，都将会导致企业泯然众人，甚至泯灭于市场，只有聚焦于一点，才能够脱颖而出。所以，雷军才会说："聚焦和生态布局一样，都是互联网时代的突围法则，只是生态系统只适用于大企业，而聚焦则适用于所有创业者。"

大到一个行业，小到一个产品，"互联网+"可以说是无处不在，无所不及，然而真正能够做到"好风凭借力，送我上青云"的项目，几乎都做到了重度垂直，聚焦一点。

2014年，作为分类信息领域的领跑者，58同城高调发布了"58到家"品牌，正式杀入生活服务类市场。面对种类繁多、市场广阔的生活类服务，58同城却有着十分冷静的选择——钟点工和搬家（图1-3），之所以选择这两个项目，一是因为消费频次高，二是在当时搬家这一项服务的O2O还没有人涉足，并且是58同城的传统优势项目。

图 1-3　58 到家的两大聚焦型服务

在这样的前提下，58 到家并没有浪费自身资源，集中力量，在 3 个月的时间里，就将钟点工这一项服务做到了其他竞争对手的 4 倍。随后又上线了美甲服务，只用了 50 天就达到了同业水平，甚至在某些地区已经超过了竞争对手。

58 到家的 CEO 陈小华表示，58 到家目前只集中精力把手中已有的这 3 款产品做好，至于其他品类的扩充将通过投资等方式，由创业公司来提供。

传统企业在进行"互联网+"的转型时，同样也可以在充分挖掘用户的深层需求的基础上，从点到面，进行"聚焦式"突破。著名的三盛地产在推进社区综合服务转型战略时，便只选择了 3 个切入点，即"一老一少一健康"，更确切地说是"老人的身体健康"和"孩子的心理健康"。老人方面，建立社区诊所为老人提供医疗服务，建立健康档案，并以此帮助家庭定制健康计划、营养计划等；至于孩子，主要解决兴趣班等问题，为孩子提供一个属于他们的社交和娱乐的场所。通过这一聚焦策略，三盛地产在短短不到一年的时间里便实现了从 0 到 1 的突破，建立了相当广泛的社区基础（图 1-4）。

图 1-4　三盛地产副总裁梁川讲述三盛地产"互联网+"的聚焦打法

　　虽然互联网思维要颠覆传统，改造传统，但如果不具有冲击力，就难以在市场上占据一席之地。如潮水一般的创业企业如果不能聚焦一点、站稳脚跟，绝对很容易被后来者颠覆。

　　相对而言，创业型企业大多比较弱小，在各种资源上都不够充足，在创业之初往往不得不只围绕一个想法来展开，不论是否有意为之，都做到了聚焦。这种聚焦所产生的巨大能量可以让一个创业企业迅速成长起来，这时如果不能持续地坚持聚焦，那么就有可能被后来者赶超。

　　作为近些年发展迅猛的创业类餐饮O2O，"饿了么"的成功，很大程度上取决于它能一直专注于外卖。在创业之初，也有人给创始人张旭豪建议，在平台做大后，可以将学校的洗衣店、水果店、蛋糕店等都整合进来，但张旭豪的回答是："我们现在只专注做外卖，其他事情不考虑。"如今"饿了么"已经成立7年，手中的资源也远比当年丰富，但依然保持着高度的克制和专注。虽然业务单一，但其威胁力相当高，就连有着阿里巴巴和腾讯两大巨头做后盾的美团网与大众点评，为了对抗"饿了么"的冲击，也都不得不选择合并，这也在一定程度上反映出了"聚焦"这一策略在商业竞争中的恐怖威慑力。

创业者一定要记住一个尝试，点的刺激永远比面的刺激来得更为强烈。试图做到面面俱到，正是现代企业经营越来越困难的原因之一。产品和市场没有明确的定位，不擅长聚焦，总想着东方不亮西方亮，最终迎来的结果往往是东方西方都不亮。

所以说，企业的资源能否聚焦使用，是决定一个企业能否健康发展的重要前提。品类减下去了，利润才能涨上来。就像种西瓜一样，在一棵藤上开出七八朵花的情况下，有经验的瓜农往往会只留下一朵，从而保证整棵瓜藤的营养都能够集中在这一朵花上面，这样最终才能够结出又大又甜的西瓜。做企业何尝不是一样的道理。

只聚焦最对的，不聚焦最热的

当下，全行业都在聚焦"互联网 +"，无论是传统企业、互联网企业还是创业企业，都无一例外地将目光聚焦到了这块新的"蛋糕"上。在这个大的市场下，也出现了许多细分市场，一夜之间，从金融到社区服务，从衣食住行到医疗卫生，每一个传统行业都迸发出了无尽的生命力和无穷的想象力。

那么，在这样一个暗潮涌动的新时代来临之时，企业究竟应该将自己的目光投向何处呢？

随着互联网技术的不断发展，人们的生活已经发生了很大的变化，饿了不想出去吃？没关系，叫餐 App 保证你想吃啥就有啥，而且配送到家；下雨天想要打车出行又担心雨中等车？小意思，打车 App 保证出租车、专车随你选，而且随叫随到；周末懒得收拾房间想要找保洁？OK，只要安装一款家政 App，各种保洁人员任你挑……

可以说，从零售业开始，金融、餐饮、社区服务等各个行业与互联网的结合都日渐紧密，衣食住行等与生活息息相关的行业中，也有不少成为了互联网和传统行业彼此跨界融合的热门选择。

2010 年，打车软件鼻祖 Uber 诞生，提供高端商务叫车服务，在两次融资之后，Uber 开始进军出租车行业。在中国，2012 年 3 月，第一款打车软件"摇摇招车"上线，"快的打车"和"滴滴打车"紧随其后，2013 年起，各式各样的打车软件就如雨后春笋一般冒了出来（图 1-5）。作为四大刚需之一，出行成为创业者广泛关注的传统领域。

图 1-5　用车市场巨头林立软件繁多

不仅仅是创业者们将目光投向了出行领域，许多互联网巨头也对这一行业蠢蠢欲动，继阿里巴巴投资"快的打车"、腾讯投资"滴滴打车"燃起了一轮又一轮的"烧钱"大战之后，百度也在 2014 年年底正式宣布投资"Uber"，加入用车行业的战局之中。最热的时候，市场上有 30 多家打车软件你争我抢，但现在只剩下合并了的"滴滴快的"和"Uber"。而随着快的和滴滴的合并，打车软件市场的争夺告一段落，原班人马又将战火蔓延到了快车、专车、顺风车领域。

其实，不仅仅是出行领域如此，在全行业都在聚焦"互联网+"的大背景下，餐饮、团购、分类信息、生活服务等，各大领域也都在吸引着创业者和企业涉足其中。随着懒人经济的发展，本就十分活跃的餐饮行业，更进一步，将外卖这一细分领域很好地同互联网经济结合在了一起。

除去单纯以外卖起家的"饿了么"，一些颇具规模的互联网企业也纷纷对这块崭新的"蛋糕"下手，美团、百度、大众点评相继推出了外卖业务，甚至连阿里巴巴都按捺不住，上线了"口碑外卖"。

除中餐和晚餐之外，不少企业也盯上了早餐外卖这块"肥肉"。目前的白领，尤其是北上广等一线城市的白领，生活节奏很快，往往没有时间为自己准备早餐，大都是在早餐店或者路边摊吃早餐。然而，谁都希望能吃上一顿合心意的早餐。

面对如此广阔的早餐市场，不仅拥有外卖业务的企业摩拳擦掌，很多创业者也瞄准了商机一拥而入，就连以美妆闪购起家的聚美优品，也推出"美天早餐"宣布入局。

早餐O2O不可谓不火热，但同样水很深，盲目布局早餐市场的企业，很快就陷入了水深火热的局面当中。美天早餐仅上线了两个月，就与上线时一样，悄然下线了。不久之后，百度、美团等平台企业也撤掉了早餐业务的入口。如今依旧坚守在这个市场的，大约也就只剩下"饿了么"一家了。

与午餐和晚餐不同，早餐的时间正巧与上班的早高峰一致，出于便利性的角度而言，配送地点也要离办公地点较近，这样难免会与物业或城管发生冲突。同时，在保证口味和质量的基础上，又没有很高的客单价（平均交易金额），诸多因素限定下来，成本高收入低，再加上配送方面的硬伤，无论资金不足的创业企业，还是资金雄厚的大平台，都选择了退出。

　　而至于"饿了么"，最初就是以配送团队起家的，在配送人员方面有着很好的培训，配送地点也选在了距离写字楼较近的、有合作的餐厅，使用户在取餐上能够得到较好的体验，而且多年来在外卖行业摸爬滚打的经验，也使"饿了么"的早餐内容更容易套餐化和标准化。

　　两相对比，此消彼长，"饿了么"在早餐配送方面的优势得以突出，因此才能够在早餐配送的大浪淘沙当中屹立不倒。

　　不难发现，早餐配送、出行用车等领域的确是大热门，但是"摇摇招车""美天早餐"等产品的无疾而终，无疑在向人们宣告，最大的热门，不一定就是最正确的方向。

　　那么，怎样才能在众多的热点中选择出正确的方向呢？从用户需求的角度出发，谁能够抓住用户的需求，解决用户的痛点，谁就有机会完成对市场的抢占，甚至实现垄断。毫无疑问，痛点就是企业应该聚焦的点。但是用户痛点千千万万，究竟哪一个才是企业应该关注的核心痛点呢？

　　一般来说，O2O 企业和创业者在寻找用户核心痛点的时候往往会遇到以下几个陷阱。

　　第一，只要是痛点就都可以深耕。

　　这是痛点创新中最容易犯的错误，其实也是最好规避的。用户痛点有大有小，其所代表的利益回报自然也不相同，深耕一些小的痛点，不但会影响短期收益，更会影响企业把握时代机会，继而落后于竞争对手。

　　第二，脱离用户，自以为是。

　　创业者绝不能自己认为某个痛点一定会引爆市场就盲目地去做，而是在寻找核心痛点时，考虑用户的想法。很多创业者会潜意识地选择从自身的角度出发，或者一味地遵循专家的建议，而不是真正聆听用户的想法。无论是创业者还是企业管理者，都必须要意识到，企业的产品最终是要面向用户的，因此，必须要站在用户的角度感同身受地寻找用户痛点，要深入市场，充分分析用户行为，找到最大痛点，然后奋力一击。

第三，核心痛点与种子用户偏离。

在找到核心痛点后，接下来需要做的便是针对痛点开发产品，并且寻找种子用户。在这一过程中，产品的特性很容易因种子用户的选择不当而发生变化，从而导致产品的最终功能没有做到"治愈"大众用户的终极痛点，产品和品牌也就很难实现突围了。

第四，无法针对痛点提出恰当的解决方案。

企业针对用户痛点所开发出来的产品，要能够切实解决痛点问题，而不能仅仅是不痛不痒地敷衍，最好是能够在解决这一痛点的情况下，不给用户增添其他新的麻烦。只有当企业对痛点有着相对完美的解决方案时，才能够保证不论是红海还是蓝海，都具备竞争优势。

以美容行业为例，目前市场上已知的美容O2O企业便包括小美到家、美丽加、美容总监、美丽诊所等十余个大众熟知的品牌。在这样的市场状态下，美到家创始人曾莞晴意识到，美到家想要完成快速突围，就必须找到对的聚焦点，才能从同行业竞争者中脱颖而出（图1-6）。

图1-6　美到家微信入口

经过市场调研，曾莞晴很快便发现，包括自身在内，美容 O2O 市场的服务对象还都停留在女性用户身上，但事实上，男性用户对于美容美妆也是有需求的。这引起了曾莞晴的注意。于是美到家将目光投向了从未被注意到的"她经济"中的"他"身上，开始招揽男士顾客。

在"美到家"发展到大概 500 单的时候，终于迎来了第一个男性用户，但这个用户位置十分偏远，在备注中还希望美容师清晨 6 点之前上门。当时，美到家的美容师们一度想放弃此单。然而，曾莞晴却坚持要求客服与该用户做深入沟通以明确情况，最终确认，原来对方当日要当伴郎，所以才会如此苛刻。

如今，随着使用场景的越来越丰富，美到家的男士用户也越来越多。为参加约会、婚礼、招聘等活动的男士上门美容俨然已经成为了美到家的一项重要业务，"美到家"的男性用户占到了其总用户数量的 8% 左右，而这在其他美容 O2O 品牌中却是从来不曾达到过的。

"饿了么"加入火热的早餐配送战局，"美到家"独辟蹊径入手男士美容，都是针对自身的特点和优势，做出了正确的选择。正像我们耳熟能详的那句广告词一样：只买对的，不买贵的。创业者和企业家在"互联网+"时代挑选所要聚焦的行业和领域时，也要做到只聚焦对的，不聚焦热的。如果蓝海是对的，那刚好可以占据天时地利人和的优势，而如果红海是对的，那么即使高手云集，也能够闯出一片天地。

发力于一点，快速切入市场

毛遂自荐的故事大家都很熟悉，其中毛遂与平原君关于锥与囊的交锋也被人们所熟知。不论是平原君所说的"譬若锥之处囊中,其末立见",还是毛遂所说的"得处囊中,乃脱颖而出",都表达了这样一个意思:当尖锐的锥子处在布袋里的时候,很容易就会露出锋芒。

用物理学来解释,就是在同等压力的情况下,受力面积减小导致压强增大。而将这一现象原理放之于市场经济竞争的角度,就要求企业打磨自身优势,发力于一点,快速切入市场。

虽然体量还不能够跟美团、百度糯米等生活服务类网站相提并论,但是,单就外卖这一项来说,"饿了么"已经是当之无愧的业界第一了。早期,"饿了么"资源有限,只能够覆盖到上海部分高校的在校生,渐渐扩张之后,也一直将目光锁定在学生这一人群上。

2014 年上半年,"饿了么"不惜将 C 轮融资得来的 2500 万美元全部投入到了对商家的高额补贴中,以此吸引更多餐馆的入驻,并且迅速占领高校市场。

"饿了么"能够迅速切入市场,与其专一的业务和专一的市场不无关联。在前面我们已经说过,将有限的资源集中于一点,将更容易实现突破。

当下,不少企业,不论是互联网企业还是传统企业,都在试图通过"互联网+"的潮流,将自己打造成一个平台型企业,或者构建出一个商业生态圈。显然,罗马城不是一天建成的,企业想向平台方向扩展,必须要以点带面。

美团作为国内一线生活服务类网站,最初也是从团购切入市场的,而现在,除团购之外,美团还拥有诸如外卖、票务、上门服务等众多业务。

2014 年以来,随着"互联网+"的不断推进,从事洗衣行业超过20 年的荣昌洗衣,也开始大胆尝试与互联网相结合。一心想要给企业注入互联网基因的荣昌洗衣董事长张荣耀，和刚刚从百度离职的陆文勇一拍即合，推出了"e袋洗"，打破了原有洗衣行业的定价规则和信息不对称的情况，按袋收费，上门取送，很快就占领了市场。

也许张荣耀的目的是借助互联网思维将荣昌洗衣推向更广阔的市场，但陆文勇的想法一定不止于此。在起步阶段或是未来的一两年内，e袋洗的目标还是做成全国乃至全球最大的洗衣店，但从长远角度来说，不止于此。

在参加央广经济之声的《企业人俱乐部》节目时，陆文勇曾表示将洗衣作为切入点，e袋洗能够跟更多的家庭服务产品进行更加广泛的合作，将e袋洗从一个洗衣平台，打造成一个家庭生活服务平台，成为一个居家合作的入口。

常言道：文无第一，武无第二。市场竞争也如同一场武斗。面对市场上纷繁复杂的产品，消费者的头脑中往往只留得下第一名，或是排名前几的企业。而想要在与同类产品的竞争中一马当先，最好的选择就是专攻一点，用单品切入并占领市场。

近年来，随着消费者可支配收入的提高和消费意识的转变，旅行越来越受到人们的关注，各类旅行产品也层出不穷。不仅老牌企业如携程旅行网、去哪儿网根基深厚，途牛旅游网、蚂蜂窝等后起之秀也快马加鞭，巨头环伺之下，发现旅行网却凭借着单品的优势，进入了越来越多的消费者的视线。

于2013年9月15日上线的发现旅行网，是一家一站式在线旅游产品服务提供商，包括签证、机票、酒店、攻略等在内的服务均可以打包提供。比自助游更加贴心周到，比团队游更加简单自由。

相比其他旅行产品而言，发现旅行网具备3个特点：第一，产品品类少，目前仅有包括日韩等在内的8个旅游目的地；第二，产品性价比高，限量供应，神似饥饿营销，8个目的地中，有5个需要定时抢购；第三，强调超预期的用户体验。

发现旅行网所做的，正是通过对精选目的地的资源直采，实现单品的打造，继而实现对整个供应链的掌控，在充分保证产品质量的同时降低产品价格，从而做出高性价比的旅游产品，并以此切入市场。

以机票和酒店为例，发现旅行网直接从航空公司采购机票，但坚决不选择廉价航空公司，其所选的大多为时间节点良好，由国内三大航空公司领衔的主流航空公司执飞的航班。在酒店方面，发现旅行网也坚持不玩"同级酒店"（高价位，低质量，以次充好）的潜规则，会在用户订单上明确注明酒店的名称、星级、位置等信息（图1-7），决不偷梁换柱。

图 1-7　发现旅行网截图

基于这样的高品质要求，发现旅行网的目的地合作酒店以及合作航空公司等数量都十分有限，但这最大程度地保证了公司对用户的品质承诺。例如，用户倘若对酒店有任何不满，随时可以直接拨打电话，向发现旅游的旅行管家进行投诉，而管家则会直接联系酒店进行沟通，并要求酒店方面改善服务。

发现旅行网CEO王振华认为，O2O旅游想要做成功，必须重视服务，而做好服务就是做好细节，发现旅行网想要做好细节，便必须坚持这种严格掌控整个供应链的重度垂直模式，与供应链后端深度协作，从而建立相应的竞争壁垒。

凭借着对几款单品的精细打造，发现旅行网甚至没有 App，仅仅依靠 H5 和微信的流量，移动端交易额便能占据总交易的 60%，完全不弱于行业翘楚去哪儿网。

互联网时代，市场环境瞬息万变，没有太多的时间留给企业统筹兼顾、多点发力。雷军常说"天下武功，唯快不破"，移动互联网时代，如果不能迅速切入市场，很有可能连肉汤都挣不来。

近些年来，北上广深等一线城市人口数量逐年增多，尤其是许多大型小区，居民数量动辄数十万人，加上一线城市居民生活节奏快，对生活品质的追求也较高，这种懒人经济极大地催生了社区 O2O 的出现。

社区服务本身涵盖了极为广泛的内容，因此，在带来了庞大的市场的同时，也吸引了更多的参与者，各大互联网企业也纷纷投资布局，京东也参与其中。2015 年 3 月，京东设立 O2O 业务独立全资子公司，同年 4 月又将原有 O2O 业务模块"拍到家"正式更名为"京东到家"（图1-8），成为京东集团重要的业务模块之一。

图 1-8　京东到家

　　物流一直是京东十分重视的一项服务，宁愿巨亏也要做物流。所以在社区O2O的角逐中，京东也从物流入手。以京东的物流体系作为依托，京东到家整合了多种生活类O2O项目，为3公里内的用户提供包括生鲜、外卖、鲜花等各类商品的2小时内快速配送。并推出了"京东一元到家"产品，抢占生活服务O2O市场。用户可以通过"京东到家"微信公众号直接进入购买页面，不需要下载App也能购物。

　　除此之外，京东到家也提供各种本地生活服务，从洗衣到美业、从家政到按摩一应俱全。从最初在北京试水，经过了6个月多的发展，到目前已经覆盖了上海、武汉、广州、深圳、成都、天津、南京、宁波、西安、重庆等城市。

　　京东商城之所以能够在阿里巴巴的影响下依然杀出一片天地，并且发展越来越迅速，与其物流的便利性密不可分。如今，京东到家依旧是主打便利性，在拉卡拉、顺丰速运等众多企业相继出手社区O2O的情况下，迅速打开了市场。

　　细数如今的互联网行业，以BAT三巨头为代表的一线互联网企业往往都是各有所长，阿里巴巴是通过电子商务起家的，百度发迹于中文搜索，腾讯从社交软件开始一步步成为了"帝企鹅"。不仅仅是互联网行业，传统企业同样如此。以家电行业为例，虽然发展到现在都是综合型家电企业，但是说起微波炉必然想到格兰仕，说起冰箱首选海尔，好空调当然还是格力造……

　　在生活中，当我们被钝物磕碰到的时候，往往是一声闷哼，而在被尖锐的物品所刺的时候，即使并不是很痛，也还是忍不住惊呼出声。锤子放在布袋里是很难突破阻碍的，但锥子只要轻轻一推，就能够脱颖而出。企业，尤其是创业企业，只有打磨出锋利的"颖"，发力于一点，才能够实现快速切入市场，才能够从激烈的竞争当中突出重围。

让产品和服务力出一孔

互联网与传统行业的第一次融合，更多的还是偏向于线上的部分。传统零售行业作为灵活性最强的传统企业，率先融入了互联网的浪潮当中，从促成交易，到决策导向，把线下转移到线上，整个互联网行业开始了蓬勃发展。

随着零售业与互联网合体的成功，人们开始进一步从其他传统行业寻求商机。传统行业与互联网在线上的结合几乎被发挥到了极致，想要寻求其他的出路，就不得不把注意力从线上再转回到线下。由此，便开启了互联网与传统行业更深层次的结合。而这种结合，最明显的变化，就是思维上的转变，从重产品，到产品和服务两手抓。

会发生这样的转变，与市场的变化也是密不可分的。随着生产力的发展，市场能够供给的数量，超过了消费者所需求的数量，于是用户就拥有了挑拣的权力，谁更能满足用户的需求，解决用户的痛点，谁就更能够赢得用户的心。

当下，"泛90后"（1987—1992年出生的人）已经成为了主流消费群体，而伴随着互联网成长起来的"90后"们，更是互联网经济舞台上必不可少的角色。这些更加强调自我和个性的消费者，对待产品的态度也比以往的主流消费者很加苛刻。所以，与其花时间研究怎样能让产品变得"高大上"，不如研究用户想要怎样的产品。

作为一个很多人曾经梦寐以求的品牌，诺基亚拥有着很多其他品牌所梦寐以求的实力：有创造力、有设计、有技术实力、有品牌影响力、有完整的产品线、有完善的销售渠道和售后。每一条都足以打造出一个冉冉升起的创新品牌，然而诺基亚却以迅雷不及掩耳之势，从高高的神坛上摔了下来。

用户想要的无非是一款方便、安全、简单的手机，诺基亚不论是抛弃塞班加入安卓的阵营，还是将塞班系统不断优化，来满足消费者的需求，都能够保证自身不被消费者所抛弃。但是诺基亚却选择了一意孤行，思维一直停留在做产品的层面上，而不考虑这样的产品究竟是不是用户想要的。

举个最简单的例子，诺基亚的智能机功能不可谓不丰富，但相应的 App 市场却发展缓慢，反观苹果，在通话功能上并不出色，但在购买 iPhone 之后所能够享受到的海量 App 和音乐内容，以及良好的操作体验，都成为了用户选择它的理由。

当然，聚焦用户的需求与痛点，背后还需要有产品和服务作为支撑，否则，再巧妙的推广与营销，也只不过是无源之水、无本之木。反之，如果能够将产品与服务打造成企业，乃至整个市场的明星，那么，它们所带来的品牌竞争力则必将是无以复加的。

2014 年 7 月，在国际移动互联网形势的催动下，作为全球领先的营养与体重管理专家企业，为了给自身 O2O 项目提供一个强有力的支撑和保障，康宝莱国际公司宣布，将与中国南京江宁国家高新技术产业园达成合作，将在南京建造康宝莱全球范围内首屈一指的产品生产基地，为康宝莱 O2O 线上销售生产最优质的营养与保健产品。

在新闻发布会上，有记者问康宝莱首席运营官顾礼诗："在 2014 年世界杯上，一共有 7 位康宝莱赞助的运动员参与了本次体育盛会，甚至还有 C 罗在内（图 1-9）。康宝莱的营销策略是不是明星路线呢？"

顾礼诗回答说："事实上，康宝莱在全世界范围内赞助了 200 多位运动员和运动队伍，这当中有许多冷门项目的运动员甚至是大家从未听说过的。我们挑选代言人的唯一标准就是他们必须认可康宝莱产品，而非拥有多高的知名度。"

图 1-9　C 罗为康宝莱代言

对此，顾礼诗进一步解释道："我们公司唯一的明星就是产品。康宝莱赞助运动员，是希望运动员帮助我们改进产品，他们使用产品，并及时将信息反馈给康宝莱，我们便能够根据这些信息对产品口味和成分做出改进。"

事实上，为了保证产品这个"唯一的明星"能够始终保持醒目感和知名度，康宝莱还做了许多工作。其中，最著名的就是"种子到餐桌"计划，即康宝莱的每一份产品，从一颗种子到被送上消费者餐桌的全部过程，都会被严格地监控和记录，从而保证用户享用最优质的产品。

以康宝莱 24 为例。康宝莱全球首席营运行政副总裁裴大伟曾这样评价该产品："作为能够在比赛中食用的产品，康宝莱 24 可以让运动员在 24 小时之内保持良好的状态。而为了保证产品的安全性，康宝莱还在自己检测之外，将之送至美国 NSS 机构进行检测，其检测报告被全球 99% 以上的权威体育机构所认可。"

已经拥有 35 年历史的康宝莱公司，如今的年营业额可达 54 亿美元，股东回报率更是高达 701.3%，位居全球第二，这都是凭借其优质的产品创造的价值。推而广之，产品与服务的双重体验，将会是未来用户关注的焦点，那么企业就势必要将目光聚焦于用户的满意度。

提到服务体验，我想大多数人都会想到海底捞。在董事长张勇的严格要求下，海底捞始终秉承"服务至上，顾客至上"的理念，一改传统的模板化、单一化的服务，提倡跨界式的个性化的特色服务。

对于迫切想吃到美食的人来说，等候就餐往往是最痛苦的事情，光临海底捞则完全没有这方面的问题。

在等候区，海底捞的服务员会给你端上免费的水果、零食和饮品，还会提供擦鞋服务（图1-10）。甚至还有专门的美甲师、理发师为你提供美业服务等。

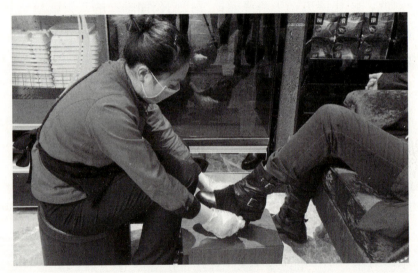

图1-10　海底捞为等位的顾客提供擦鞋服务

为了使顾客在等餐的过程中消除焦虑，海底捞在2013年11月花费上百万元购入100多台美图打印机，顾客在等餐的时候只要通过自己的微信帐号给海底捞的公众号发送自己需要打印的照片，就可以免费得到两张漂亮有趣的美图照片。这样，海底捞成为第一个通过微信发展打印美图照片的餐饮企业。

此外，海底捞还一次性采购了一万台iPad，目的是实现自己的电子点餐业务。在就餐过程中，海底捞也推出了很多极具特色的跨界服务，如为用户提供专业的拉面表演等。在北京的海底捞餐厅，海底捞投入200万元人民币购买华为的视频系统，使人以1:1的比例出现在视频里，实现了两地的亲朋好友在视频中聚餐的体验。

不但如此，海底捞目前还与百度合作，在店内做360度全景拍摄功能，这样用户可以不用亲自到店就能选择自己喜欢的位置，甚至还实现了店内导航技术，即客人到店后不用服务人员的引导，便可直接导航到预订的座位上。

整个就餐过程下来，海底捞会通过一种超越餐饮企业所应该达到的跨界式服务，让用户享受到一种通常连普通店铺VIP贵宾都无法享受到的待遇，并且从最深处打动用户，让用户对海底捞产生归属感和依赖感，并经常光顾海底捞。当然，不只是服务，海底捞的产品也是经得起消费者检验的，毕竟不会有人单单为了享受等位过程当中的免费服务，而花钱去吃自己不爱吃的东西。

经济在发展，时代在进步，消费者的生活水平和消费理念都在发生着日新月异的变化。传统经济时代重产品，互联网经济时代重服务，然而单一的产品或服务都已经无法满足消费者的需求。

因此，不论是将产品打造成明星，还是标榜服务为王，都不能厚此薄彼。只有让产品和服务力出一孔，推出产品与服务的组合拳，才能在市场竞争当中，打遍天下无敌手。

第 2 章

重度垂直
——融合细分领域的上下边界

在这个全民创业的时代，创业者想要从搏杀惨烈的红海中脱颖而出，不被巨头所淘汰，就必须要学会围绕一点，做深做透，形成平台无法达到的优势，从而以点破面，在针尖大的领域里颠覆巨头，实现独立发展。

互联网经济正驶入垂直时代

在"2013 第二届运营商终端与应用创新合作大会"上，工业和信息化部电信管理局副局巡张迎宪在发言中说，移动互联网正深刻改变产业格局，而产业垂直整合则已成为当前移动互联网最突出的特征和最主要的竞争模式。

事实上，无论是依托线上拓展线下，还是借力线下逆袭线上，在以移动互联为重要特点的商业时代，互联网企业和传统企业所采取的都是一种垂直整合思维，即将线上线下紧密衔接在一起，向着产业链或产品链条的纵深处挖掘。

众所周知，在电子商务刚刚兴起的年代里，以淘宝为代表的多元化电商平台是电子商务最主要的模式，包括后来兴起的 58 同城、赶集网，以及天猫，都是这一模式。而随着互联网经济的深入发展，在大市场被瓜分殆尽后，京东商城、唯品会、苏宁易购等开始针对品牌特卖、手机产品、家用电器促销等细分市场和某一行业做深化运营，以专取胜，最终成功从巨头的虎口之下夺取了一块鲜肉。

淘宝网有一个人尽皆知的前缀——"万能的"。万能的淘宝网所提供给消费者的选择可谓是应有尽有，几乎达到了"只有想不到，没有找不到"的程度。但与此同时，很多消费者在选购 3C 产品（计算机、通信和消费电子产品）时会选择京东商城，买食品会去 1 号店，买图书会去当当网，在有更好的选择的情况下，淘宝网似乎总是备选项。

如今，京东商城虽然在体量上无法与淘宝网一较高下，但已经是与淘宝同一梯队的电商网站，除传统的3C产品之外，食品、图书、个护、美妆、母婴等诸多产品均有涉及，商品种类已经达到了13大类。

除去BAT等一线巨头企业之外，当下的互联网企业和传统企业，想要直接从综合型平台入手，无异于痴人说梦。

目前来看，移动互联网时代的赢家大都是重度垂直者，如深耕美甲的河狸家，只做洗衣的e袋洗等，专注于美妆的聚美优品更是已经赴美上市。即便是曾经在电商时代风光无限的巨头阿里巴巴，也将自身的O2O业务落实到具体的细分市场之中。虽然淘宝网还是万能的淘宝网，但天猫商城已经开始有家电馆、医药馆、天猫超市等子品牌的划分。中国的互联网经济，正在一步步走向垂直时代。

当然，随着经济的不断发展，单靠品类上的垂直细分已经不足以形成优势了。近年来，"互联网+"概念的愈发火热，很多传统行业领域都遭受到了强烈的冲击，商业巨头和草根创业者们迅速地将一片片蓝海染红。美妆、车服、母婴等领域同质产品层出不穷，令广大消费者眼花缭乱。这时，企业想要获得发展的空间，就必须垂直再垂直。

以竞争十分激烈的母婴产品领域为例，一方面，有着十余年发展历史传统母婴零售企业红孩子被苏宁收购，在巨头帮助下加速了从线下到线上的逆袭；另一方面，在移动端极具竞争性的广州妈妈网，由奶粉品牌跨界而来的妈妈100网，幼教平台摇篮网、宝宝树等，也都纷纷做大，俨然一副群雄逐鹿的势头。

在这样的行业背景之下，新兴母婴企业想要突出重围显然并不容易，然而，创立至今仅仅3年时间的辣妈帮却做到了。辣妈帮是一个女性必备的手机移动应用社交平台，它以孕期伴侣、辣妈帮、辣妈商城3个产品为基础，将服务纵向涵盖了女性"备孕—孕期—分娩—育儿"

的所有重要时期（图 2-1）。服务项目的垂直深入，是辣妈帮从众多母婴领域的竞争者中突围而出的重要原因。

图 2-1　辣妈帮官网截图

另一个十分具有代表性的例子，就是化身"蓝翔"，自己培养美甲师的 58 到家。面对 58 到家的这一壮举，在美甲 O2O 领域几乎笑傲全国的河狸家创始人"雕爷"孟醒也不得不感慨道："你能想象京东自己做冰箱还跟海尔竞争吗？ 58 到家是患了'精神分裂症'！"

58 到家的高层真的疯了吗？显然没有。孟醒发出这样的感慨也不过是对于 58 到家重度垂直战略的感叹罢了。

小米创始人雷军所提出的互联网七字诀"专注、极致、口碑、快"，不仅仅是提供给互联网企业的七字诀，更是在"互联网 +"大形势下，所有的企业都应该遵循的准则。其中的专注，也就是垂直，是放在第一位的。专注于具有同样属性的社会人群，或者说是分层垂直的细分人群，唯有如此，才能聚焦于一点，然后集中全力把它做"重"，做的有分量，最终完成市场突围。

按照定义来看，只销售自营产品的小米官网，绝对称得上是一家垂直电商。小米网的所有商品都是小米公司的产品，主要包括手机、电视机、路由器等，以及相关的周边配件，配送虽然不是自建物流团队，但采用的是业内服务和口碑都数一流的顺丰速运。正是凭借着这种垂直模式，小米官网在 2015 年 4 月发布的《2014 年度中国 B2C 电商销售排行榜》中，以 743 亿元人民币的销售额位居第三，仅次于天猫和京东。

严格意义上讲，垂直整合是一种提高或降低公司对于其投入和产出分配控制水平的方法，也就是一家公司对其生产投入、产品或服务的分配的控制程度。一般而言，垂直整合有两种类型，即向后整合与向前整合。一个公司对于其生产投入的控制称为后向整合。对其产出分配的控制则称为前向整合。

从人类踏入互联网时代开始，商业的投入和产出便已经发生了重大变化。例如，传统企业的估值看重产品销量和品牌价值，而互联网公司的估值更看重其入口价值，包括用户的数量、黏性，对数据的掌控程度等。

垂直整合的一个典型代表是苹果公司，它基本上实现了芯片、硬件、系统、内容、经销商、App 等的一体化服务，苹果公司有实力也有财力去打造这样一种垂直整合的模式，同时这种模式建成之后很难被对手复制，因此，苹果从计算机到手机的跨界过程走得一路平稳。

在国内，垂直整合做得最好的企业是乐视 TV，众所周知，乐视起初只是一个视频网站，后来跨界生产智能电视机时面临老牌家电行业的打压并没有倒下，反而独树一帜。原因就在于乐视 TV 的拥有其他竞争对手没有的产业链垂直整合模式。

乐视 CEO 贾跃亭曾说，乐视 TV 成功的背后是一套价值数百亿元、基本不可复制的基于产业链的垂直整合视频生态系统。乐视 TV 的垂直整合系统集合了"平台、内容、终端、应用"4 个端口，在平台端，乐视云视频开放平台可以解决用户自身的智能网络存储和分发工作。在内容上，乐视早已建成了国内最大的正版影视剧库，其中包括 10 万集电视剧和 5 千多部电影，基本占领了国内 95% 的市场。在应用上，乐视 Letv Store 已有两千多个电视应用。在终端建设上，智能盒子和电视机本身都以过硬的品质赢得了大量市场。

在 2015 年 4 月 15 日乐视超级手机发布会上（图 2-2），乐视完全仿效了小米当年的模式，以更低的价格打击小米等竞争对手，甚至"脱光"自己裸战江湖，一时引领风骚的小米竟成为了被颠覆者。

图 2-2　乐视超级手机发布会

乐视超级手机所运营的全屏影视会员服务，是全终端打通的乐视生态服务，在手机、电视机、盒子、汽车、计算机、平板、全屏通用，超级电视和超级手机服务可互充，时长可叠加。在此跨界生态系统下，乐视由视频跨界到硬件乐视 TV 的垂直整合过程中，以终端为载体，内容为核心，平台和应用作为提升用户体验的关键，这是乐视跨界成功的关键，也是乐视作为新人战胜传统企业及制造商的武器。

进入移动互联网时代以来，用户对于产品的要求已经从量向质上转移，功能的精准性和精致度比功能的多样性更加引人关注。而由于新媒体和用户这种需求上的转变，企业对垂直整合的要求也越来越高。传统企业，或是互联网企业，除非有着庞大的人力、物力和财力支撑，否则摊大饼式的平台发展方式已经开始行不通了。

潮流是不断变化并且不可逆转的，但可以看得见的是，中国乃至全球的互联网经济，正在一步步驶入垂直时代，面对这样的变化，企业唯有敞开怀抱拥抱变革才能赢得未来。

避开竞争，以垂直寻蓝海

2014 年浙商大会暨移动互联网峰会上，一位鬓发斑白的大胡子美国人预言：5 年后，会有边缘化公司颠覆 BAT。在场的所有互联网大咖，包括马云、陈天桥、丁磊等人在内，没有任何人对这一预言表示质疑。因为，发出这则预言的美国大叔，正是被称为"硅谷精神教父"的凯文·凯利。

在互联网界，凯文·凯利还有另外一个绰号——互联网预言帝。20 多年前，凭借着一本《失控》，凯文·凯利成功预言了如今互联网领域 70% 以上的业态和产品，因此，对于广大互联网创业者而言，他的预言极富参考价值。

凯文口中的边缘化公司，既是指边缘产业的公司，也是指生存在BAT 生态夹缝中的小公司。那么，这些小公司如何才能完成对大公司的挑战乃至颠覆呢？答案就在于重度垂直。

简单来说，重度垂直即重度 + 垂直，这不仅仅是草根创业者成长的捷径，更是企业在 BAT 等巨头错综复杂的商业布局之下谋求一线生机的突围之道。

我们在前文中曾经强调过，多元化的平台模式虽然更利于企业实现全方位的优势布局，但是平台的发展过程中，存在着十分明显的问题：平台的业务很多，但都没有进行深度挖掘。

这也意味着，BAT 等巨头虽然通过大面积的投资和收购，形成了一定的产业覆盖，但无论是就平台上的某一细分领域而言，还是就平台之外的未开发领域而言，那些无力打造平台的小企业仍然存在着绝佳的发展机会。只要这些小公司能够将有限的资金和物力集中于一点，深耕某一细分市场，颠覆巨头并非是痴人说梦。

电影《鸣梁海战》讲述的是 16 世纪明朝时，向来以野蛮凶狠著称的日本海贼王率领队伍侵占朝鲜，朝鲜名将李舜臣率领区区12 艘军舰，击败日本海贼王 300 多艘军舰的故事。显而易见，在这场战争中敌我力量和地位都不在一个等级上，但是李舜臣却以小博大，取得了胜利。

为什么呢？李舜臣知道，在宽阔平静的海面上，朝鲜的军舰对日本军舰硬碰硬，肯定是粉身碎骨的结局，但如果将战场转移到狭窄的海峡，情况便会不一样了，敌人无法将所有兵力投入其中，而己方却能够集中全部力量殊死一搏。

不仅仅是在真刀真枪的战场上，商业战场上也是如此。在当下的商业竞争当中，BAT 以及其他老牌的传统企业在"互联网 +"的进程中，尽管在资金、人力上可能存在优势，但是由于其部门众多，企业必须统筹考虑全局，很难做到将所有的精力集中于一点。而小企业的优势在于团队虽小，但是很容易将精力集中于一件事情上，只要能够找到一个自己擅长的领域作为战场，将主要力量集中在平台企业的弱点之上，避开竞争，就有很大的可能实现突破。

奇虎 360 的总裁周鸿祎，曾这样对记者感慨道："O2O 其实就是一种颠覆，不只是颠覆传统行业，也在颠覆互联网企业，而想要把海尔、华为等传统巨头和阿里巴巴、百度等互联网巨头统统颠覆掉，就一定要选择大佬们不屑一顾，或者看不清、看不懂的领域，甚至是巨头们嘲笑的领域。这样，才有机会。"

为此，他还列举了 2010 年 360 杀毒软件执行免费策略的例子，当时业界对此一片质疑，认为周鸿祎是在"乱搞""早晚要垮掉"，然而，结果却是奇虎 360 借此一战成名，确立了国内网络安全领域的霸主地位。

2014 年 10 月，奇虎 360 推出了移动生态体系新品"360 来店通"，并以此加入抢夺传统企业 O2O 市场的行列之中。据奇虎 360 相关负责人介绍，安装 360 来店通后，商家与用户通话便可以实现用户的默认关注，从而通过信息服务推送将用户导入线下店铺，形成线上线下的自由切换，并且让商家和用户之间形成零距离的沟通和交互。

以当下十分受欢迎的餐饮品牌黄太吉为例，用户只需要给黄太吉打个订餐电话，360 便可自动关注黄太吉来店。随后，一旦黄太吉推出新品，顾客的 360 通讯录中便会收到相关的未读信息，打开信息即可看到相应的店铺信息，并且可以一键拨通订餐电话，或者以 360 来店通作为导航工具，到实体店面体验新品（图 2-3）。

图 2-3　黄太吉的 360 来店通页面

众所周知，奇虎 360 最擅长的是安全领域的杀毒软件业务，但是杀毒软件并不适合作为一个"互联网 +"的连接端口，切入面过于狭小。另外，BAT 巨头对于 O2O 的布局还主要集中在移动支付、地图应用等几个方面，战火并没有蔓延到手机通信应用方面。同时，奇虎 360 自身的软件产品当中，就有针对来电或去电进行标注的功能，来店通只是在此基础上进一步地深度挖掘。

因此，奇虎 360 凭借自身的软件开发优势，趁着巨头们还未察觉，避开 BAT 的竞争红海，出奇制胜，以垂直寻求蓝海，也就起到了意想不到的作用。

田忌赛马的故事，相信每个人都不陌生。田忌一开始为什么会输？因为上等马明明跑得过中等马，他却非要让其与另一匹更好的上等马一较高下，自然只能输了。如今的市场竞争愈发激烈，越来越多的传统企业开始主动发掘自身的互联网基因，互联网企业开始寻求落地，同时也有一大批踌躇满志的创业者想要借着"互联网 +"趁势而起。但另一方面，用户不断增长、不断细化的需求，并没有得到很好的解决。究其原因，就是大量企业在红海里扎堆，而垂直领域的蓝海无人问津。

自 O2O 兴盛以来，美业被许多巨头视为下一座互联网服务经济的金矿，并且纷纷不惜巨资，频频介入到该领域之中。2015 年 6 月，百度 CEO 李彦宏在 O2O 生态战略发布会上宣布，将在 3 年内拿出 200 亿元推动百度糯米的 O2O 进程，并携手美丽加，共建美业良性生态。另外，俞敏洪、IDG 资本、曾李青、红杉资本等也纷纷参与其中，推动着河狸家、小美到家、美到家等美业品牌不断扩张。

面对这样严峻的市场形式，波波网创始人，上海莫笛思信息科技有限公司市场总监徐红春从创业之初便意识到，没有巨头支持的波波网想要在竞争严酷的美业市场存活下来，并且突出重围，便必须有所高度聚焦，以点破面。

在仔细研究了美业三大类别美甲、美容美妆和美发之后，徐红春发现，市场上美甲和美容美妆的相应应用较多，而且增长迅速，相比之下，较为常态化的美发领域则竞争较少。于是，她决定将波波网从发型师垂直互动交流社区切入美发行业。

相较以 2C 为主的美美豆，以及 2B2C 并举的艾美云等产品，波波网在产品形态上更具特色，它会针对消费者和发型师两个不同的群体，推出各自独立的应用（图 2-4）。

图 2-4　波波网注册界面提示

波波网是专注于为发型师提供服务的在线交流和学习平台。选择波波网，发型师可以尽情展示自己的发型作品，购买理发材料和工具，建立自己的沙龙同事圈，与同城的同业者畅快交流，甚至找到专业的发型培训课程，帮助其完成自我提升。这在其他同类 O2O 网站是很难想象的。

2014 年 5 月，凭借着深耕垂直细分领域带来的巨大潜力，波波网终于得到了超过千万级的 B 轮融资。而在面向未来的路上，波波网 CEO 史良瑞曾坚定地说道："波波网还将继续在美发这一垂直领域耕作下去，只要我们坚持去做，总有一天我们会成为美发界的阿里巴巴。"

波波网能否如愿，还需要市场的发展去一步步地印证，而我们可以肯定的是，一旦我们将目标集中在了某一点，并在此基础上形成一套有效的商业逻辑，完成企业自身的战略规划体系搭建与运营，抢占一个垂直细分市场，然后吸取各家经验长处，找到适合自己的道路和方法，就不难获得成功。

做细分领域，坚持小即是美

重度垂直的魅力在于，通过对移动工具和细分体系的利用，以及对用户使用场景的精准捕捉，即便是一个很小的创业公司，只要做好聚焦，也可以从有限的用户中挖掘出无穷价值。

在过去的几年中，包括京东、当当、聚美优品、蘑菇街等垂直电商的相继成功，也越发向人们证明了深耕细分领域，坚持重度垂直的优越性，或者说，小就是美，在这里得到了充分的验证。

家电、图书、化妆品、正品衣服，这些产品在淘宝和天猫平台上应有尽有，而且品类繁多，可供选择的余地更大，但为什么这些垂直电商仍然能够俘获用户的芳心呢？就是因为它们为用户提供了一种更加直接、专注的消费体验，将每个体验环节都做到了细致入微，而这，正是广大创业者应该学习的关键所在。

2015 年 3 月，一家叫作"Teabox"的印度茶叶垂直电商，获得了一笔由活跃在亚太地区的 JAFCO Asia 领投的 600 万美金的 A 轮融资，一下子便打响了名气。

Teabox成立之初，种子融资只有100万美元，A轮融资700万美元。在并不产茶的印度，这样一家茶企业能够在短短的3年时间从一个创业团队发展成为融资额超过1400万美元的中型互联网企业，凭借的便是Teabox在茶叶这一细分领域的垂直战略和在重度垂直基础上构筑的无法复制的服务壁垒。

Teabox主要为饮茶爱好者提供上门服务，这看似是个并不赚钱的小生意，其模式却获得了众多投资者的欣赏和认同。

在运营方面，Teabox可谓将"垂直"两个字做到彻底，不仅选择了茶叶的细分市场，在整个交易的过程中，这家公司也坚持绕开传统企业发货过程中层层的渠道商和中间商，直接通过其平台实现用户与茶园的直接对接。

为了成功实现自己的垂直模式，Teabox直接找到印度与尼泊尔当地200多家口碑极好、环境宜人的茶园，并在茶园的周边建起仓库，这样一来，只要茶园里长出了新鲜茶叶，Teabox团队就会立刻采购，并对茶叶进行真空包装和处理，然后将茶叶由仓库直接发给全球在Teabox官网（图2-5）平台上订购茶叶的用户，将其他公司需要一个月才能完成的购物流程压缩到一周之内。

图 2-5　Teabox 官网

当然，如果仅仅是节省时间，Teabox 也不可能发展得如此迅猛。真正能够称得上是其服务壁垒的，还是它在重度垂直之下打造出来的一流服务。

Teabox 真正意义上做到了让饮茶爱好者能够在非常精细的水平上搭配茶叶。例如，顾客能够自由选择不同的种植园，不同发芽时期的茶叶，在红茶、绿茶、印度香茶和乌龙茶之间自由搭配。而且，它还能为饮茶爱好者提供优质的订阅服务，如用户既可以只购买 10 克茶叶进行试品，也可以一次性购买 100 千克作为自行饮用或营销。这样贴心和垂直到底的服务满足了饮茶爱好者对茶叶的高级需求，这也使得 Teabox 迅速成为印度本土电商中具有典型代表意义的"黑马"。

在国内，像 Teabox 一样将某个垂直领域的品类做彻底的企业所占的比例还不大，然而，但凡是能够在细分领域坚持深耕，坚持小即是美的企业，都无一例外地取得了不小的成功。

作为历史最悠久，同样也是最早开放的餐饮行业，其互联网化的脚步比起其他行业来说，也要更快一些。2014 年，全国餐饮收入 27860 亿元，面对如此广阔的市场前景，传统企业、互联网企业和创业企业一起发力，从外卖到第三方垂直类餐饮电商，不一而足。但大家的关注点都集中在用户身上，一味地争夺用户流量，陷入了同质化竞争的红海当中。

餐饮行业的核心竞争力始终在于产品质量和服务体验，而这些都是由商户端来把握的。将目光从用户转移到商户上来，将会成为餐饮行业差异化竞争的突围方向。

以易淘食为例，虽然从外表看它是一家外卖公司，但其称为国内首家 B2B2C 餐饮云服务平台，是行业内率先提出打通商户端的企业。其面向商户端的餐饮互联网电商云服务平台聚网客，通过自行研发的智能餐饮管理系统支持餐饮商户 ERP（企业资源计划）系统整合，帮助餐厅实现电子化，自行经营其网上餐厅、手机餐厅，包括 CRM（客户关系管理）、预约管理、排队管理、会员系统、菜单管理以及网上点餐、物流配送等模块。

目前聚网客共覆盖了 2000 多个餐厅品牌的 2 万多家门店，易淘食也获得了 2000 万美元的 B 轮融资，势头正好。

现阶段中国市场的成熟度、地域性的差异化和消费者构成的多样性，都呈现出了极大的复杂性和多变性，每一个细分市场都有着巨大的潜力。千团大战的硝烟还没有散去，餐饮行业就又迎来了一个群雄逐鹿的时代，如何通过深耕细分领域来渗透市场，抢占先机，才是制胜之道。不仅是餐饮行业，全行业都是如此。

提及过去 20 多年来全球通信行业最为瞩目的事件——华为的崛起和登顶，欧洲一家通信制造商的高管曾经说："华为以价格和技术的破坏性创新，彻底颠覆了通信产业的传统格局，从而让世界绝大多数普通人都能享受到低价优质的信息服务。"事实上，任正非并不赞同这样的说法，在他看来，华为能够超越爱立信，成为全球最大的电信基础设备供应商，后来华为 MATE7 又被国家领导人作为国礼送给外国元首的原因只有一个，那就是在通信产业这一垂直领域不断向下深挖，将产品和服务做到了极致。

尽管华为已经获得了大量的荣耀，也早已成为中国企业的典型代表，但任正非并不满足于此。在任正非的全球化布局领域中，北美特别是美国市场尚未被攻下，一方面受制于军旅出身的影响，一方面是美国严重的贸易保护主义，导致向来所向无敌的华为在北美市场的开拓中步履维艰，如何打开这一困局，最终铺开全球业务，成为华为领导决策层长期以来密切关注的问题。

在 2013 年华为公司年度报告会上，任正非描绘出了大致的战略框架：高度聚焦，集中资源，在单一领域超越美国。他指出："我们是一家能力有限的公司，只能在有限的宽度赶超美国公司。不收窄作用面实现垂直深挖，压强就不会大，就不可能有所突破……我们只可能在针尖大的领域里领先美国公司，如果扩展到火柴头或小木棒这么大，就绝不可能实现这种超越。"

技术是没有国界的，只有在某一领域彻底地超越美国，才能获得对方的尊重和认可，这就是任正非提出的"在针尖大的垂直领域领先"的战略法则。

华为最终将针尖对准了管道业务。2014 年 4 月 23 日，华为一年一度的全球分析师大会（图 2-6）如期召开，公司轮值 CEO 徐直军向媒体详细介绍了公司的"管道"战略。他表示，"华为是能力有限的公司，未来做什么，不做什么，经过几年的思考，现在已经清晰。我们做内容做不过好莱坞，应用做不过微软，所以还是会坚持做好管道。""管道战略是华为公司的核心战略和主航道，未来投资都会围绕这点。"

图 2-6　华为全球分析师大会

同年8月，任正非在华为人力资源工作汇报会上明确提出了公司
未来的战略目标，即"坚持聚焦管道的针尖战略，有效增长，和平崛
起，成为ICT领导者"。并表示，"未来的业务、人力资源等政策都将
作用于这一战略目标的实施"。任正非进一步解释，所谓的针尖战略，
其实就是和平崛起。"我们逐渐突进无人区，踩不到各方利益集团的
脚，就会和平崛起。坚持这个战略不变化，就有可能在这个时代领先，
实际就是超越美国。"

坚持聚焦管道的针尖战略，最终超越美国，实现全球化，这一战
略主张体现了任正非对垂直法则的深刻理解。的确，企业的创新是无
穷尽的，但是必须有边界，尤其是对于创业企业来说，必须要有针对性，
只有这样，才能以小搏大，在小的领域中制胜，进而赢得世界。

重度垂直下的深度经营

对于毫无资源优势的中小互联网企业来说，效仿巨头打造平台显
然不如实现垂直细分领域的单点突破更加切合实际。然而，问题在于，
重度垂直到底好不好玩，到底应该怎么玩？

不少人都认为，垂直细分意味着聚焦，是可取的，而重度运营则
意味着成本的增加，是存在资本投入风险的。然而，小企业如果不对
运营环节进行重度管控，在发展中所造成的资源浪费，以及在后期进
行的整合投入将会更大。

事实上，任何一个O2O细分领域，想要实现重度垂直都并非难事，
虽然迄今为止业内还没有形成一个正式的、统一的模式规范，但在运营逻

辑上是相通的，只要掌握了重度垂直的深层逻辑，任何人都能玩转 O2O。

在职场 O2O 领域，拉勾网作为一家互联网垂直招聘网站，被誉为重度垂直的标准样板。而拉勾网与 3W 咖啡，其实是同一个人的 O2O 创业作品。

2012 年，3W 咖啡陷入濒临倒闭的危机，许单单为了留条"后路"，东山再起，创办了拉勾网。而因为是同一个创始人，拉勾网在运营上和 3W 咖啡有着许多相似之处，最大的不同便在于，3W 咖啡以整合跨界资源为主，而拉勾网则以垂直运营为核心。在打造拉勾网这一垂直招聘网站的过程中，许单单和拉勾网联合创始人马德龙等人总结了一系列做好重度垂直所必需的逻辑思维。

第一，搭建一个配备合理的团队。

进行互联网创业，尤其是想要做好 O2O 强运营，必须有一个协调互补的优秀团队做基础。以拉勾网为例，许单单、马德华、Ella 三个创始人，分别在腾讯、百度、搜狐等巨头企业担任过产品经理、设计师、市场策划等职，工作起来都能独当一面，合作时更能协调互补。创办拉勾网后，三人的分工为：许单单做董事长，管战略；马德龙管产品和公司运营；Ella 负责市场。3 个人所做的工作依然是原来所最擅长、最有经验的部分。

第二，抓住刚性需求，选对垂直市场。

事实上，拉勾网上线初期网站设计得一般，但准确地抓住了互联网时代创业公司找人跟找投资一样，都是刚性需求这一痛点。大多数创业公司用不起 51job，又担心招来的人不靠谱，所以抱着试试看的态度选择了拉勾网，用户反复尝试之后，发现拉勾网招聘效果确实不错，便渐渐地产生了口碑。而事实上，倘若用户需求不足，拉勾网可能早就不知所踪了。

第三，打造超预期的服务。

O2O 强运营务必要从用户的体验出发，而面对同样的模式，同质化严重的产品，如何让用户青睐于你？拉勾网给出的答案是：提供超出用户预期的服务。

在拉勾网，用户每一次的简历投递都会收到企业的明确回应；另外，拉勾网还提供 24 小时极速入职服务（图 2-7），彻底颠覆了过去"投简历就像沉石入海"杳无音信的国民痛点。

图 2-7　拉勾网 24 小时极速入职活动海报

用许单单的话讲："招聘业务本身包含信息加服务两个部分，我们把行业做垂直了，用户数就少了，所以必须把服务做厚，让流量变现的转化率更高，这样才能赚更多的钱。"所以，拉勾网和传统招聘网站的差异很大程度上就体现在产品细节上，拉勾网永远会把公司的主产品和用户体验放在首位。

截至 2014 年 7 月，入驻拉勾网的互联网公司已达 20000 余家，其中既有 BAT、新浪、小米等成熟稳重的大企业，也有豌豆荚、锤子科技、爱奇艺等急速成长的行业新秀。

时至今日，专攻于互联网垂直招聘市场的拉勾网，依靠在企业招聘领域的垂直深耕，成功渗透到了互联网、移动互联网、O2O、云计算、互联网金融、在线旅游等近 30 个互联网细分市场，并且与 3W 咖啡形成了线上线下的完美对接，俨然已经以小而美的形态构建出了一个和谐的生态架构。

老子有云，"天下难事，必作于易；天下大事，必作于细"。企业只有将垂直坚持到底，做精做细，才能够笑得最好，才有机会笑到最后。

说起社交，人们首先想到的就是腾讯，虽然陌陌等后起之秀也在社交领域占据了一席之地，但社交的标签依然牢牢地贴在腾讯的身上。这不仅与腾讯从 QQ 起家有关，更是源于腾讯在社交领域的深耕，源于腾讯对自身产品的精耕细作。

在刚上线时，微信遭到了大量用户的吐槽，原因在于多数网友认为微信有抄袭的嫌疑，并表示因为 QQ 的存在，微信难成气候。他们这么说有一定道理，因为微信的第一个"免费发短信"的功能和 QQ 是一样的，后来又打出"微信可以免费语音"的推广口号，在此时，微信才积累了一部分用户量。如果微信止于此，那么它就不会有今天的影响力和成就。

接下来，微信开始实现与腾讯其他产品的同步，微信团队借助 QQ 以及腾讯公司其他较火的产品进行推广，同时连接了 QQ 和微信，也连接了电话本，这样自动导入功能为微信带来了大量用户。

拥有了基础用户之后微信并未满足于此，而是加入了"摇一摇"和"朋友圈"功能，这两项功能使得原本毫无内容感的微信变得好玩。大量用户开始利用摇一摇功能加好友，并在朋友圈中晒出自己的心情，这两项功能使得微信开始与当时市面上的其他社交软件变得不同，由此抢夺了其他软件的大量市场份额。

经过前两个阶段的积累，微信的用户数量呈直线般上涨，可以说微信已经成为社交软件领域的新贵，几乎所有的移动互联网用户都在使用微信。这时产生的巨大流量成为微信的强有力的支撑，这时微信开始进入商业化运营阶段，一方面是打造了微信公众平台，使得微信成为企业进行推广和宣传活动的一个新的平台，另一方面增加了微信支付功能，同时腾讯实现了与京东的合作，并将京东的商品引入到微信的平台，实现了微信的商业化。

当前微信的估值已经超过 1000 亿美元，这样漂亮的数据足以证明微信已经取得了空前的成功，而微信本身的更新频率之快，产品功能之丰富，也让其他同类产品难以超越。

掌握了重度垂直的核心思维，不仅新兴的互联网企业能够实现腾飞，传统公司也能够在 O2O 的大潮中乘风破浪，实现颠覆式革新。

科通芯城是一家传统 IC 元器件销售企业，在全行业 O2O 的时代，它正是凭借着重度垂直战略，利用微信公众号，3 年内将销售额做到 100 亿元，不但成功实现了 O2O 转型，更是在中国香港实现了上市，可谓风头正劲。

与其他企业不同，科通芯城一开始就不关心流量，也从未制定 PV（页面浏览量）这种 KPI（关键绩效指标）指标，而是充分利用自媒体和社交平台，专注于垂直营销。将品牌和故事联系在一起，做故事营销。据统计，科通芯城的所有运营成本中，60% 都用在了营销分销方面。

当然，董事长康敬伟从未天真地以为做了微信，有了网站，科通芯城就是互联网公司了。他深知互联网是思想而不是工具，归根结底还是要求企业要有跟别人不一样的方法创新。为此，科通芯城坚持做"重"，在其庞大的数据库和云计算平台基础上，构建了微信应用——科通云助手，该应用曾被媒体誉为"第一家企业级微信应用"。

无论是采用互联网新玩法的创业企业拉勾网，还是传统互联网巨头腾讯的微信，抑或是与互联网思维相融合的传统企业科通芯城，都很好地证明了深度运营并不难，只要掌握了其中的核心逻辑，坚持做精做细，一条路走到底，在垂直细分市场做出成绩只是时间早晚的问题。

当然，就像哲人最喜欢说的，世界上没有两片完全相同的叶子，做企业的垂直运营同样如此。只有具体问题具体分析，结合实际的企业情景和市场业态，进行适度的调整和创新，企业才能真正地做到木秀于林而风难摧之。

拓展垂直平台，坚持平台思维

对企业来说，垂直并不意味着与平台相冲突。京东商城作为以 3C 产品起家的垂直电商，同样是一个为众多小企业提供机会的电商平台。平台与垂直并不是天然对立的两个概念，垂直思维要有，平台思维也不能够抛到脑后去。

事实上，当下企业跨界的本源在平台生态链，对于有实力的企业来说，其跨界的目的是将自己打造成一个集中优势资源的发展平台，而对于那些实力不那么出众的企业来说，进行跨界则是利用自身的优势资源实现与强大平台的对接，以利用平台打造自己。可以肯定地说，今天，商业竞争的过程早已不是单打独斗，而是平台式打法，垂直企业也要拓展垂直平台。

作为一种商业模式，平台思维的精髓在于打造一个完善的，具有强大生长潜能的生态圈，在这个生态圈里拥有独树一帜的机制系统，能够充分激发各方之间的互动，进而达成平台的愿景。纵观那些颠覆传统的企业，我们发现其成功的关键就在于建立了强大的平台生态圈，通过这个平台，连接两个以上的群体，打破了原有的产业价值链。

在世界范围内，以苹果、谷歌和亚马逊为首的平台巨头们正是通过建立平台的方式，颠覆了曾经强大的传统行业。

苹果的音乐交易平台 iTunes 的诞生颠覆了传统的唱片业，传统的音乐制作要经过歌曲创作、经纪人、唱片公司、流通渠道最后到消费者手中，这个过程持久而缓慢。苹果 iTunes 音乐商店的面世使唱片行业的价值链发生了简化，歌手发表歌曲不再需要唱片公司，直接通过 iTunes 平台便可以发表作品，人们也不需要花费资金去购买整张光盘，只要为喜欢的歌曲付费即可。苹果的战略使得传统唱片行业备受打击，世界五大唱片公司无一幸免，与此同时苹果则赚得盆满钵满。

苹果和亚马逊等数字图书平台的出现，迅速颠覆了传统的出版业。传统出版业的产业价值链是垂直的，作者完成作品后由出版社出版，交由印刷厂印刷，再由各地经销商运往零售书店，这个过程极为缓慢，很可能纸质书面向读者已经过时了。数字图书平台则提供了一个作者与读者对话的机会，甚至作者只需要轻按鼠标花上几秒钟就可以将书本呈现给读者。这种数字图书平台今天几乎取代了部分图书发行者和出版商的位置。

由此可见，商业平台模式就像一个野蛮的掠夺者，将传统行业的利润纷纷揽进自己的口袋里，实现对传统行业的颠覆。面对这种情形，传统企业并非无动于衷，它们纷纷表示要打造平台，将自己的销售放在网上，事实上，它们并没有理解平台的真正内涵，打造平台不仅仅是将销售放在网上。

苹果手机卖得好，并不是因为它将销售渠道放在了网上，而是通过这款手机带出了大量 App 商店，带出了苹果的生态圈平台。腾讯的社交工具与易信相差无几，但是腾讯提供给用户的不仅仅是产品本身，还有整个平台为用户带来的体验。

与本地生活服务行业不同，医药行业的 O2O 目前还处于一个以流量为核心的阶段，并不能够为用户提供更加具体的服务和体验，而且药品本身就不是一个转化率高的产品，采取电商模式也会白白流失掉很多流量。然而，春雨医生创始人张锐独辟蹊径，将春雨医生打造成了一个"服务型电商平台"（图 2-8）。

图 2-8　春雨医生

春雨医生创立于 2011 年，在创立之初，春雨医生与好大夫一样，都采取了付费问答的模式，但收效甚微。因为在医疗行业当中，愿意为药品付费的用户多，而愿意为问答付费的用户则少之又少。于是张锐独辟蹊径，推出了私人医生服务，将线上服务与线下诊所结合起来。

春雨私人医生采取平台模式，医生与平台签约，用户在春雨平台上寻找自己的私人医生，如果真的需要就医，用户在线下就能够开药、住院甚至是手术，并且可以走医保。

配合线上的私人医生服务，春雨医生也在线下开设了春雨诊所。2015 年 5 月，春雨医生宣布在北京、上海、广州、杭州、武汉 5 个城市开设 25 家线下诊所，签约医生均为三甲医院副主任及主任医师。

第一批 25 家诊所采取的是签约合作的众包形式，与私立医院、诊所等闲置的医院资源或者机构资源合作。医生是与春雨医生平台签约的公立医院的医生，患者是春雨医生平台的用户，春雨诊所只是为双方提供一个场所，将患者资源和医疗资源对接起来，使分配更加均衡。

经过 4 年多的发展，春雨医生平台已经积累了 8800 多万用户和 38 万名公立二甲医院以上的专业医生。2014 年 8 月春雨医生 C 轮融资 5000 万美元，在当时的移动医疗领域，这一数字还鲜有敌手。

从行业领域方面来说，春雨医生立足医疗行业，从医疗服务，到医药用品，再到保险，几乎可谓是应有尽有，做到了重度垂直，但同时，春雨医生并没有将经营模式做得很重，而是与医院、医生、保险公司等第三方合作，搭建起了一个医疗平台，给用户带去了良好的体验。这是春雨医生相较于其他医疗 O2O 产品的高明之处，也是广大企业应当学习的。

2014 年 8 月，深圳触手可及网络科技有限公司推出了一款名为"邻里间"的 O2O 移动互联网物业管理平台，帮助传统物业管理实现了互联网化。

邻里间通过将物业平台转移到线上，也成功实现了对传统行业的改造。社区 O2O 作为目前所有 O2O 模式当中最为特殊的一类，因其所解决的需求的复合型，很难像改变其他传统行业一样去改造社区。以往的模式无外乎大平台吸引小企业，或是小企业聚合成大平台。但邻里间则是在物业模式的重度垂直的基础上构建的平台。

当传统物业实现了互联网化后，很简单地就能够将平台转移到微信公众号上，小区业主可以通过关注物业的微信公众号，与物业公司实现随时随地的联系。公告、账单等的查询，报修，缴费，商品购买甚至邻居之间的相互交流，都能够通过手机实现，大大地便利了社区业主们的生活。

同时，物业公司在部属物业管理平台的之外，还介入了一个第三方平台，包含了各种社区生活场景内所需求的服务，如商品销售、生鲜配送、洗衣、家政等。这些第三方的服务通过邻里间接入到平台，由物业根据邻里间的大数据分析结果向业主推送，邻里间和物业分成这一部分的收入。

收入的提高和收入结构的多元化，使物业摆脱了原有的畸形收费模式，用户通过平台也获得了便利。因此，邻里间的模式很容易就被物业和业主双方所接受，在产品上线一年的时间里，就取得了很好的成绩，覆盖了4个省份8个城市的上万栋楼，服务家庭用户数180多万，估值达到3亿元人民币。

通过一个平台，邻里间将物业、业主和第三方生活服务都集合在了一起，既实现了在社区服务领域的纵深，又搭建起了一个生活服务的平台，一举数得。

对于拥有一定规模的企业而言，平台当然是首选，对于创业企业来说，平台也有优势。只有做平台，并且把平台做大，才能够吸引到足够的资源和人力，这也是保证企业能够充分获利的基础。

随着移动互联网的不断深入发展，未来企业的平台化发展趋势越来越明显，因此，不仅是互联网企业，传统企业更应该树立打造平台的思维，将自己打造成平台或者利用平台进行发展。

第 3 章
众包协作
——与核心用户共谋以迎合需求

作为一种新的商业模式，众包能够汇集大量的外部资源加入企业的发展过程中，形成企业与客户、与社会的交流和互动，增强企业的社会影响力，为产品的研发和销售，乃至为企业的全面发展贡献出巨大力量。

大品牌都在做众包

2015 年 12 月 16 日，第二届世界互联网大会在乌镇召开，中国以 6.7 亿的巨大数字，稳坐网民数量世界第一的交椅。在网络上，可以轻而易举地从网民手中获得各种各样的资源。另外，通过网络上的信息传递，在线下，除财力、物力之外，人力资源也得到了更加合理的分配和更加充分的调用。

而在互联网的大潮中乘风破浪而来的公司，深谙对于网络资源的充分利用，同时，越来越多的传统企业，也开始认识到网络群体力量的重要性，人多力量大，在网络上被体现得淋漓尽致。

一方面，随着互联网的出现，专业人士和业余爱好者的界限也被打破了。一大批爱好者、"发烧友"从用户群体当中涌现出来，这类人比普通人对于产品和品牌的忠诚度更高，认知层次也更深，同时由于对于产品或品牌的感情，他们往往能够自愿自发地帮助企业完成一些工作。于是，企业渐渐地将一些由员工承担的工作，外包给非特定的大众网络，也就是我们今天所说的众包。

另一方面，众包法则的核心在于通过互联网的控制，企业可以利用志愿员工（非雇佣员工）的创意和能力来完成某些业务，而这些志愿员工则从中获取物质酬劳或其他精神利益。通常，企业为此付出的代价要远低于支付员工工资，或是寻找外包企业。因此，越来越多的企业都在试图将众包思维纳入到产品生产和营销，以及更深层的企业运营中来。

为"发烧"而生的小米，不仅具备着十分浓厚的互联网基因，也具拥有着十分活跃的众包思维，通过充分与"发烧友"甚至是普通用户进行交流和互动，来完成产品。

一般来说，产品的价值创造环节包括价值的设计和制造两个因素，让用户参与制造的可能性是微乎其微的。于是小米将制造的工作外包给富士康和英业达两家制造型企业，而将与用户意见息息相关的设计环节，通过众包的形式，与用户紧密地结合起来。

MIUI 发布第一个内测版本时，在论坛上征集了 100 名内测用户，这 100 个人被小米称为"100 个梦想的赞助商"。这 100 人在内测时，根据自身的使用情况，给 MIUI 提出改进的意见。

如今，MIUI 除了核心的 100 位开发人员，还在论坛建立了"MIUI 荣誉开发组"，组内有 1000 名成员，也为 MIUI 的开发与改进出谋划策（图 3-1）。

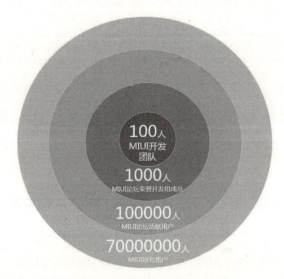

图 3-1　MIUI 的"众包式开发团队"

为了能更好地听取用户的声音，让更多的人参与到产品研发的过程当中去，小米在后续的开发过程中，设计了一个名为"橙色星期五"的互联网开发模式，将除代码编写之外的部分，都开放给了用户。每周五，研发人员会将最新一版的 MIUI 系统发布在论坛上，供开发版用户下载升级，再在周一查看手机用户的体验报告，并针对这些报告进行改进，并于周五发布新版本，如此循环往复。

随着"米粉"的不断增多，参与体验的用户从最开始的每期 1 万多份，达到了现在的 10 万多份，为 MIMU 打造了一个 10 万人的"互联网开发团队"。

除产品开发之外，营销上，小米也将众包思维发挥得淋漓尽致。小米每次有新产品发布、有新活动举办，都会发微博广而告之，每条微博都能轻松获得上千次的评论和转发，而小米公司付出的成本，往往只是一部或几部产品，甚至有的时候只是能够优先购买产品的 F 码。

让 10 万人同时为一件产品的改进出谋划策，这在传统经济时代是人们想都不敢想的事情，但是互联网凭借自身强大聚合力，以及互联网经济影响下诞生的新媒体对信息传播速率的加快，能够轻而易举地将人们聚集起来。

因此，企业与用户之间的沟通正在愈加频繁，距离感正在逐渐削弱，众包，正在逐渐成为一种切实可行的创新模式，乃至常规模式。

2015 年 5 月 12 日，京东 O2O 产品——京东到家正式上线了"众包物流"新模式，并将该模式命名为"京东众包"。京东众包是对京东到家业务的延伸和扩充，其主旨在于：有效借助社会化运力，服务更多消费者。

京东众包通过微信向社会公开招募北京、上海的众包物流配送人员。只需要拥有一部智能手机，年满 18 周岁即可报名加入，男女不限、

零门槛、时间自由，经培训后上岗，抢单配送完成后可以获得每单 6
元的奖励（图 3-2）。

图 3-2 市民正在下载京东众包

报名通道打开后，短短 3 天之内，参与报名的人数便迅速达到
2000 人，在报名者中，白领、大学生、无业网民、广场舞大妈都有涉及，
其中甚至不乏收入可观的互联网工作者。

京东创始人刘强东这样畅想京东到家的未来："未来的京东到家
将在强大的物流众包系统基础上，更进一步地利用大众的力量，不断
地提升用户的服务体验。"

目前，由于 O2O 业务本身具有的及时性特点，促使企业不得不依
靠不断提升物流速度来满足用户的急速送达体验。按照传统时代的做
法，由于业务量具有不定性，为了保证业务量徒增时仍能保证送达效率，
企业必须保证物流人员的数量，而如此一来，当业务量陡减时，就会
造成物流员工的闲置，造成成本浪费。

京东这种利用众包模式，借助社会化平台的配送力量来完成急速
送达体验可谓一举多得，一方面降低了企业成本，并且保证了物流速度，
另一方面还充分调动了社会闲散人力资源，构建了一种京东到家、用户、

空闲人员间 3Win 的稳定关系。

当然，众包也不仅仅局限于通过互联网，将生产或设计的链条的一部分开放给大众网络，不少企业也在内部实行一种众包模式，充分调动其员工的思维。

在各大互联网企业和创业企业纷纷开启众包模式的情况下，传统企业自然也不甘落后。在 2013 年时，老牌传统家电企业海尔提出了无边界战略，实行人人创客，将企业的每一位都打造成了众包的一分子。

人人创客听起来可能有些故弄玄虚的意味，但此举最为主要的目的是激励员工创业创新的积极性，将员工精神上"被管束"的压力去除掉，让员工能够像创客一样，自愿自发地发挥自身的聪明才智，改进产品线，或是提出崭新的创业项目。

"水盒子"是海尔创业平台上的一个典型案例。水盒子的创始人邹浩曾经是一位在海尔工作近 10 年的职业经理人，在张瑞敏推出人人是创客战略之后，他积极行动起来，将自己的 40 万元积蓄投入到自己的创业项目中。

水盒子本来是海尔内部利用互联网技术为用户提供健康用水的智能方案，平时喜欢突发奇想的邹浩意识到了这个产品技术上的缺陷和发展空间，于是开始发挥创客精神，成立了水盒子项目。目前，他正在注册一家名为"浩海科技"的公司。除水盒子之外，海尔的员工们还打造了游戏本"雷神""智慧烤箱""无尾厨电"等 100 多个小微项目。

即便是有着庞大的研发团队，也没有哪个企业能够在不到两年的时间里，打造出 100 多个小微项目，这就是众包思维下激发出的力量。

汪国真曾经有一句诗是这样说的，熟悉的地方没有风景。很多时候人们都容易被自己原有的观念和记忆所禁锢，众包模式的出现，则提供了一个很好的头脑风暴的平台，让所有人能够将思想汇聚起来，碰撞、融合，共同为产品的优化贡献一份力量。

随着互联网技术和互联网经济的深入发展，越来越多的企业都在将自己的工作通过组织社会活动的方式来寻求帮助，让更多的用户参与到企业运用中来，让用户来设计并决定产品，而最大限度地降低成本，并且从中收获更高的体验满意度和用户黏性，众包正在成为一种崭新的商业模式。

从外包到众包是一种进化

创业者必须明确一个概念，任何个体的力量终究是有限度的，即便强如 Google、微软、BAT，也不可能独立完成所有商业行为。例如，苹果产品的组装工作也并非由自己来完成的，而是承包给了富士康，这是社会精细化分工的必然结果，也是互联网时代行业深度融合的基本走向。

在过去很长一段时间里，企业这种将非核心业务委托给外部的专业公司，从而降低运营成本，提高品质的外包行为给自身，也给整个行业的发展带来了更大的活力。

2015 年 4 月，一家名为"宝尊"的电商服务公司向美国证券交易委员会提交了 IPO（首次公开募股）申请（图 3-3）。有理由相信 99% 以上的读者此前都未听说过这一公司，而这家名不见经传的企业实际上就是一家外包公司。

图 3-3　宝尊电商赴美上市

　　近年来，随着我国电子商务的快速发展，许多知名品牌都把自己的店铺开到了网络上，而由于人才、技术匮乏等原因，他们又不擅长经营这些网店，便只好将这些旗舰店交由专门的代运营商来打理，宝尊就是这些代运营商中的佼佼者。

　　宝尊创始人仇文彬毕业于清华大学电子工程专业，并在 2007 年年初创立了宝尊，从第一个客服飞利浦开始，到 2014 年年底，宝尊的品牌合作伙伴已经多达 93 家。

　　在宝尊的众多合作伙伴中，涵盖了家电、家居、服装、电子产品、化妆品、快消品、汽车、保险等多个不同领域的知名品牌，其中更是包括了许多我们所熟知的品牌，如耐克、微软、哈根达斯等。

　　宝尊的存在，为这些品牌企业充分解放了组织的核心竞争力，令其可以更加专注地完成自己的主营业务，而在这一过程中，也不会对企业互联网化发展进程有所影响，既节省了这些品牌的运营成本，也为自身创造了经济效益。

根据宝尊的招股书显示，在 2014 年，宝尊的商品交易总额达到了 42.489 亿元，总净营收为 15.844 亿元。由此可见，在互联网经济中，宝尊这类的外包公司是极具市场潜力的。

随着电子商务在中国的快速发展，越来越多的品牌开始试水电商渠道。而在转过程之中，这些企业所面临的一系列的包括网站建设、运营、仓储、配送、售后服务，以及后台技术等挑战，绝不是任何一个企业可以独立完成的。

正是这种客观存在的迫切需求，使得宝尊这类代运营商应时而生，更使得外包模式在互联网经济之下风生水起。然而，随着移动互联网时代序幕的缓缓拉起，这种单纯的企业对企业的外包行为已经无法满足移动互联网经济的全新要求，"互联网 +"的时代，众包才是王道。

同外包相比，众包与其有着一定的相通性。首先，二者均扩大了企业的组织边界；其次，二者均更加有效地利用了公司的外部资源；再次，二者的目的都是降低成本，提高效率；最后，两者都是网络时代的产物。基于这些共同属性，众包比外包更胜一筹。或者说，众包是外包的升级版。就像百度 CEO 李彦宏所说的，从外包到众包是互联网思维的一种进化。

外包还只是停留在信息、物流等流程层面，是企业对企业的。而众包则涵盖产品设计、研发、营销等运营的各个方面，是企业面对大众的，具有极高灵活性的一种互动行为。另外，与外包相比，众包的成本更低，收益更高。

在全球化的背景下，互联网时代的用户对产品性能的把控越来越严格，同时，人人都是自媒体，市场的支配者，每一个人都能以个体为单位参与到竞争与合作之中。因此，企业如果想更有效地利用外部资源，吸引更多的人对企业产生关注，就必须在外包的基础上，把更多的业务交给"粉丝"、用户和网民，集众人的智慧，发展一种一对多的众包关系。

纵观国内外，众包思维已经渗透到了各个领域，在国际市场，有提供众包服务的平台 Mechanical Turk 的亚马逊，让用户参与广告设计的欧莱雅，以及韩国著名的"群众媒体"OhMyNews；在国内，也不乏移动互联网时代众包招聘的创新者人人猎头，基于移动互联网的数据采集众包平台拍拍赚，以及中国最大的任务众包平台微差事等创新型企业。

作为众包模式的优秀实践者之一，搜狗输入法的众包分为两大块，一块是皮肤，一块是词库。所谓皮肤，通俗地讲就是输入法的变换界面。凭借着用户的积极参与设计，搜狗输入法的皮肤已经超过了 20000 种，目前，这个数字在持续增长中。另外，为了鼓励用户们更多地参与到皮肤设计中来，搜狗输入法还会定期组织"皮肤设计大赛"，为设计者提供展示才华的舞台。

在词库方面，搜狗将自身词库命名为细胞词库，现在有 27695 个，全部为网友创建的，这个数字同样也在持续增长之中。

反过来，这些由网友们自行创造的皮肤和丰富的词库所带来的亲切感和强烈的时效感，也使得用户更加喜爱这一产品。如今，搜狗输入法已经成为中国最主流的汉字拼音输入法之一，装机量甚至高达 3.5 亿以上。

众所周知，中国的 O2O 模式来源于美国，而事实上，众包模式也起源于美国。早在 2006 年美国的著名刊物《连线》上便提出了最早的众包概念。所以，在美国企业对众包法则的运用也开始得极早。

2011 年成立于美国的技能分享网站 Skillshare 就是一个典型的众包学习平台（图 3-4）。Skillshare 与大多数教育初创公司的最大区别在于，在这里学识和能力是最主要的，学历则被无限地弱化了。

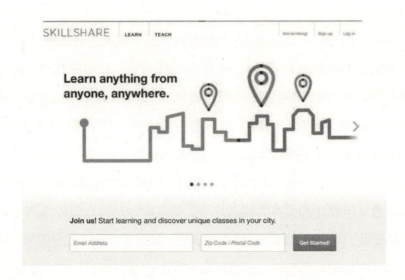

图 3-4　Skillshare 网站首页功能介绍

举例来说，活跃在 Skillshare 网站上的授课教师并不局限于来自顶尖大学的博士或者专业教授，而是只要拥有某种专业技能和知识，任何人都可以成为教师。另外，教师如果对其他课程有兴趣，也可以变成学生，进行学习。在这个平台上，依靠每一个参与者的支持与建设，任何人都能真正实现活到老学到老的愿望。

Skillshare 平均每堂课的价格是 20 美元，这当中，平台只抽取 15% 的提成，剩余全部为开课教师所有。这样，一个教师一堂课最多仍然可以获得 1000 美元左右的可观收入，对于那些拥有一技之长的人十分具有吸引力。平台开通仅仅两个月，便有 600 名会员注册为教师。时至今日，其教师更是已经达到 10 万人有余，拥有注册用户 8000 多 万个。

Skillshare 的成功之处在于依靠拥有专业知识和技能的大众群体，而非小众的高学历者，并且坚持执行了一个人人都能够参与其中的授课方式，让用户多了一重平台建设者的身份，以及一种更深层次的利益绑定，从而使他们更加积极地为网站服务，建设更好的技能和知识交流平台。

在这一过程中，Skillshare所付出的，仅仅是最常规的运营成本，甚至不需要为教师支付任何报酬。不仅如此，这些平台上的注册教师，甚至还会出于自身利益的考虑，免费帮助平台招揽更多用户。而这，就是众包的神奇魔力。

事实上，浅显地说，众包改变的是成本和利益的分配方式，更深层次地讲，众包改变的则是社会分工与企业格局。在众包模式下，产品的生产不再是企业内部的事，业务不再是全职员工的事，研发不再是闭门造车，营销更不再是对着消费者吆喝叫卖……

从外包到众包，是一种进化，一切都随着全民参与而发生潜移默化的改变。顺应这种改变，企业就可以在投入更少成本的前提下，获得想要的产品和业绩，就能够离成功更近一步。

众包的 3 个玩法和走向

按照类型的不同，众包大概以3种类型为主，即资本众包、知识众包、劳动力众包。资本众包的主要体现形式是众筹，而知识众包则主要体现在产品设计、研发等方面，至于劳动力众包，最典型的方式便是传统的生产外包。

众筹，顾名思义就是众人为某项事业筹集资金。众筹是移动互联网时代的产业，通过互联网将众筹项目发布出去，然后吸引感兴趣者募集资金，完成创业资本的积累。众筹可以使投资者和资金需求者直接联系在一起，省去了作为中间人的金融机构和投资机构，使得整个过程更加便捷、迅速。

众筹主要有以下几种方式。

第一种是捐赠众筹，在这种众筹方式中，投资人对于被投资方没有任何的资金回报要求，如一些免费软件的捐赠、香客们去寺庙中捐给寺庙的香火钱都属于捐赠众筹。

第二种是产品众筹。在这种众筹方式里，投资人的投资是为了获得众筹项目产生的产品或者服务，而非资金回报。例如，一些电影的投资方根据大众的众筹资金拍出电影，然后在电影上映时为投资者提供免费的电影票，又或者那些筹资制作专辑的原创音乐人，在众筹成功后为投资者提供专辑作为回报。

第三种是投资人以借款的方式将资金借给被投资者，在这个过程中投资人可以获得固定的利息收入，到期后可以收回本金的众筹方式。P2P（人对人）贷款就是典型的借款众筹。

第四种是股权众筹。股权众筹是众人筹集资金投资到一家企业并获得一定的股权，然后以股东的身份获得投资回报。股权众筹是目前互联网创业企业的典型众筹模式，它更加正规，也更加复杂。事实上，上市公司的 IPO 在本质上也是一种股权众筹，只是其门槛更高、投资人和资金量更大、交易更加透明。目前所说的股权众筹主要是指投资到创业公司的资本。

近些年来，电影众筹有走热的趋势。在 2013 年快乐男声主题电影开拍之前，天娱传媒计划在 20 天之内筹集到 500 万元用于该电影的拍摄和推广，众所周知，对于电影院来说其收入主要来源于卖时间和空间。电影院更愿意为那些票房好、上座率高的电影排片，也就是说，哪部电影能够在单位的时间和空间里创造更多的收益，院线就更加愿意为其排场次。

一方面为了获得拍片费用，一方面为了引起影迷关注，天娱集团将该众筹项目分为 60 元、120 元、480 元和 1200 元 4 个不同的投资等级，每个投资等级又对应得到不同数量的电影票和电影首映礼入场券，等到电影上映之后，原来的众筹投资人就可以凭借自己的兑换码去电影院的窗口拿票。

在那次众筹中，共有 1.8 万 "粉丝" 参加，并且大量为 120 元的众筹资金，最终通过这样一次众筹，使得该电影票房大卖。

2015 年暑期档广受好评的电影《大圣归来》，同样通过众筹的方式募集了宣发经费。89 位众筹投资人，合计投入 780 万元，最终获得本息约 3000 万元，平均每位投资人可以净赚近 25 万元。

不过，值得说明的是，目前国内的众筹方式还是以产品回报为主，这导致很多消费者模糊了预售与众筹的界限，不能对风险有一个正确的认识，也导致一些众筹平台成为商家进行产品预热宣传的战地。众筹模式在我国起步的时间较晚，用户对于众筹的认识程度还有加深的空间。

知识众包的形式出现的时间较资本众包要早，人们对其的熟悉程度也要高很多。在众多采用知识众包模式的网站当中，最为典型的代表，就是维基百科。

维基百科是第一个被称为互联网内容领域最知名，也最成熟的非商业化众包产品（图 3-5）。维基百科是一个自由、免费、内容开放的网络百科全书，维基意味着任何人都可以作为解释者去编辑维基百科中的任何文章与条目。目前，维基百科在全球前 50 的大网站中排名第五，并且是其中唯一一家非营利性的众包网站，正是因为其众包属性，维基百科的运营和预算费用远远低于那些商业网站。

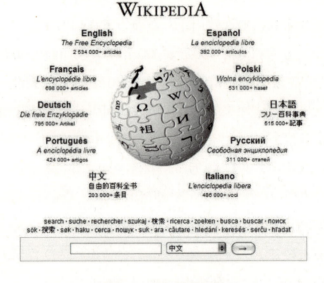

图 3-5　维基百科截图

2001 年 1 月，在创建维基百科公司的时候，其创始人吉米·威尔士和拉里·桑格便明白，仅凭任何一个个体的一己之力，都不可能达成构建一部百科全书的梦想，所以，想要完成这一壮举，便必须寻求合作。

当时很多公司的管理者都提议与谷歌等大型搜索以及门户网站合作，借力于大企业，然而，拉里·桑格却说："维基百科不需要任何大公司的支持，我们的优势在于这个项目具有很强的有用性，不仅对我们，对所有希望在网络上寻找某些知识和答案的人都具有价值性。我们完全可以借助这一点，在帮助他人的同时，让用户在平台上留下自己所知道的知识。这样，自己的贡献于人有用，用户在道德情感上的需求也能得到满足。我们甚至不用花费任何费用，一部有史以来最全的百科全书就会随之诞生。"

事实证明，拉里·桑格的想法是完全正确的，维基百科自 2001 年

1月10日由总裁吉米·威尔士发起以来，短短33天便在广大网友的积极参与下达到了1000页，9个月后条目数已达10000条，平均每月新增1500条，这在当时的年代里，甚至比那些在谷歌搜索上花费了大价钱做宣传的产品的推广效果还要好。

如今维基百科已经累积收集了2500万个词条，超过3500万注册用户，每天都有来自世界各地超过282种语言的众多参与者进行数百万次的编辑，吉米·威尔士和拉里·桑格正在朝着他们的梦想更进一步。

不仅仅是互联网百科，百度知道、知乎、果壳问答等知识问答平台的相继出现与成功，也强有力地佐证了互联网平台的开放性，必将会使知识众包将成为知识传播的一种常态。

劳动力众包是所有众包形式当中出现最早的一种玩法。"众包"这一概念在凯文·凯利的《失控》一书被百般推崇。而这本书在引进中国进行翻译的时候，也恰巧采用了凯文·凯利所推崇的众包模式。

最早引进凯文·凯利《失控》的发起者赵嘉敏在最初进行翻译的时候，只有一位译者进行翻译。从2008年5月开始，花了一年多的时间都没有完成，于是他开始通过社区公开招募，组成了一个虚拟团队，以众包协作的方式进行翻译。每个人自由认领章节段落，赵嘉敏负责组织维护整个过程，协调整体进度。通过这种"蜂群"式的协作，仅用了一个半月的时间，就将全书初稿翻译完成了。

古人云"术业有专攻"，俗话又说"众人拾柴火焰高"，劳动力众包的模式，其实就是将工作划分成若干板块，能者为之，从而在加快进程的基础上，还能够保证较高的质量。

对于这种劳动力众包模式，应用最为成熟的，当属亚马逊旗下的网络交易平台：Mechanical Turk。该平台主要用于交易"劳动力"，或者说像是一个专门发布兼职信息的人才市场。由发起人在平台上提交一项任务，邀请其他用户完成，并最终支付小额报酬，可能是填写调查问卷或是寻找配图等。

在这种模式下，不仅闲散劳动力被挖掘出来，同时也充分发挥了闲散时间的劳动力，给用户与企业之间的双向交流提供了另一种渠道。

众包作为一种刚刚起步的商业模式，还存在很多的可能性，供企业人和创业者去探索。但可以肯定的是，无论是哪一种玩法，移动互联网趋势下的众包模式，都将在未来给企业提供不同以往的客户关系管理模式，使企业与用户之间的关系由吸引变为互动，同时还能够汇集社会大众的智慧与力量，这对于企业的发展和社会资源的利用具有十分重要的意义。

"粉丝"是众包的人力基础

在很多影视作品中，都有江湖卖艺的场景：一群身怀绝技的人，在街头表演，看客们高兴，就打赏一二，若是手头拮据，就拍个手，叫个好。这时卖艺人常说的一句话就是："各位父老乡亲，有钱的捧个钱场，没钱的捧个人场，大家走过路过不要错过。"

人们都有一种凑热闹的心理，当一群人聚集在一起的时候，不知情的人就想要凑过去看看发生了什么事情，这就是捧人场的作用。

这种捧人场，放到互联网思维之下，姑且可以给它起另外一个名字，叫作"粉丝经济"。对于"粉丝经济"，一直是众说纷纭，大家各执一词。"粉丝经济"最原始的出处是娱乐圈，明星、偶像和行业内的知名人士凭借自己的受关注度而进行创收，最典型的例子就是歌手卖唱片和举办演唱会。艺人们只要得到更多"粉丝"的支持与喜欢，就能够得到更多的收入。

这种现象可以进一步解读为，基于共同价值观而聚集在一起的一群人，就是"粉丝"。凯文·凯利在他的"一千个铁杆粉丝"理论中也陈述了：任何一个从事艺术工作或创作的人，只要拥有 1000 个不论你出什么样的作品他们都会购买的"铁杆粉丝"，就能够生存。换句话说，一个企业只需要通过沟通和互动经营好一类足够大的人群，提供他们所喜欢的东西，就能够产生效益。

另外一种，也是现在炒得沸沸扬扬的一个说法，叫作"粉丝营销"，与过去一直说的会员制有异曲同工的作用。现在所说的"粉丝"，基本可以等同于忠实会员。对某一品牌有过消费记录的用户，就可以成为会员，而忠实会员就是那些品牌忠诚度较高，购买和使用频率也较高的用户，也就是"粉丝"。

2013 年 10 月，受互联网浪潮的影响，品牌定位为"时尚、潮流、个性的外表和清新、典雅奢华的气质，展示清新魅力及干练的形象"的女士品牌歌莉娅也开始了 O2O 转型的探索，并且与阿里巴巴旗下的微淘合作，积极拓展线上"粉丝"。

歌莉娅 CEO 严洁婷认为，O2O 模式想要成功，必须依托于"粉丝"模式。把第三方平台、自有 App 等工具作为品牌的"粉丝"平台，利用推广手段吸引线下用户不断加入进来，然后通过口碑传播、新品发布和内容维护等社会化手段黏住"粉丝"，这样，"粉丝"在收到优惠和新品信息后，才会通过移动 App，形成直接购买。

因此，歌莉娅在全国范围内的精选了近百家实体店，在这些门店内放置了相关的微淘活动资料，并以特惠、推荐等方式，鼓励到店顾客通过扫描二维码关注歌莉娅，成为歌莉娅微淘的"粉丝"。短短 5 天时间，便让歌莉娅的线上"粉丝"增长了 20 万，据官方数据统计，仅这 5 天的时间里，便有超过 110 万的用户通过手机访问了歌莉娅的天猫店铺，极大地推动了歌莉娅天猫旗舰店的交易量。

通过门店将用户拉到微淘的歌莉娅账户，成为歌莉娅的品牌"粉丝"，并且随时接收歌莉娅的新品推荐、活动发布信息，以及穿衣搭配建议等相关提示，感兴趣的"粉丝"便可以通过微淘的推荐链接，直接进入天猫 App 的歌莉娅旗舰店，随时下单。

认真研究歌莉娅、韩都衣舍、裂帛等服装品牌，不难发现，"粉丝"模式其实很适合这一行业。企业通过门店对现场用户进行有效引导，继而将"粉丝"聚集在网上以后，再通过各种活动和优惠，与"粉丝"间形成有效的在线互动，建立起良好的"粉丝"黏性，然后，这些"粉丝"便会在未来的销售中通过移动端形成难以想象的网购能力。

互联网思维下的众包的玩法有很多种，但无论是哪种众包，都需要有一个前提，那就是拥有足够的用户数量，或者说是"粉丝"数量。对于企业而言，每一个用户就是一个入口，每个入口背后都有大量流量，无论是想要走一条众包模式的道路，还是单纯想要吸引流量，都需要有"粉丝"作为人力基础。

如果没有众多"米粉"对于小米的支持，那么，小米有 10 万人参与的互联网开发模式也无从构建；没有足够的用户基础，维基百科也不会成为一本名副其实的"互联网百科全书"。因此，企业想要利用众包模式使产品更加完善，品牌更加发展壮大，都必须建立在一个前提之上，那就是拥有足够多的"粉丝"，有"粉丝"，才有价值点。

当然，在创业过程中，想要用好众包思维，做到众包式创新，就必须学会坚持做好用户体验，增强用户参与感。没有好的体验感，用户便不会心甘情愿地参与到企业运营中来，而没有用户的参与，企业自然也就失去了众包的对象。

2012 年 8 月 28 日，由库巴网创始人王治全二次创业所建立的大朴网正式上线。这家国内首家自主设计、多品类、多品牌运作、全网营销、线上线下同时推进的家纺家居用品公司，一上线便主打"安全、舒适、高质量、高性价比的贴身纺织品"，专攻 DAPU 和 dapubaby 两个品牌。

到目前为止，大朴除官网之外，还在天猫、京东、亚马逊、1 号店、唯品会等国内主流 B2C 电商平台上开设了旗舰店，销售网络遍及全国。

上线后，大朴很快以独特的产品线策略、明确的产品定位，以及卓越的产品品质赢得了广大消费者的认可。然而王治全却发现，口碑效应确实帮助大朴网实现了一定的宣传效果，但更多的用户在没有亲身体验过大朴网产品的情况下，还是不能打定主意购买。

所以，为了促进线上用户更强的购买率，王治全决定把虚拟的店铺搬进线下，以新的形态进入实体商业市场，让那些不确定大朴产品是否靠谱的用户亲身去体验和感受，继而再去决定是否购买。

2014 年 9 月 27 日，大朴网首家官方线下体验店（图 3-6）在北京国瑞中心正式开业，这也是大朴在北京的第一家线下体验店。但与其他同类公司的体验店不同的是，大朴的体验店走的是"粉丝开店"模式。在满足"粉丝"所需要的实体店体验服务的同时，在运营成熟后，将店面转让给"粉丝"打理。这样不仅能够让"粉丝"参与到企业建设当中来，加强"粉丝"与企业的联系，同时也能够减少大朴的运营成本。

不仅仅是线下的体验店，大朴也推出了"粉丝开店计划"，鼓励"粉丝"借助淘小店、微店和喵喵微店等开店工具，在手机端对产品进行分销。

在大朴的分销模式下，店主出售的产品都是由大朴统一发货的，店主不需要囤货，也就没有成本压力。同时，质量也由大朴信任背书，所有产品支持 30 天无理由退换货。

图 3-6　大朴网首家体验店

对于开店方式，大朴也为"粉丝"提供了多种选择：如果"粉丝"追求简易操作，可用淘宝账户登录淘小店客户端，输入大朴家纺的淘小店码后，淘小店的内容会自动与大朴天猫旗舰店的商品同步；如果"粉丝"追求个性化，也可以借助微店和喵喵微店等工具自己装饰、上架大朴的产品。

"粉丝"开店计划一经推出，就受到了大朴"粉丝"的火热支持，短短一个月就有超过 2000 人进行了注册。目前，大朴的线下体验店也有 10 家是由"粉丝"在经营的。

无论是推广众包模式，还是促进销售，或是塑造品牌口碑，"粉丝"在企业发展过程中都起着不可小觑的作用。在互联网行业里，在大的商业环境下，"粉丝"已经直接成为了具有情感纽带的品牌受益者，谁能够撬动"粉丝"的情绪资本，通过影响用户的情绪，使用户主动参与到营销中来，谁就能玩转众包模式，谁就能实现增值的目的。

让用户与企业共建品牌

2014 年，小米营销负责人黎万强的一本《参与感》红遍互联网，几乎一夜之间将产品和用户的距离缩小到零。随着互联网思维的发展，用户对产品和企业的重要性不言而喻，想要激发用户对于一个品牌最大程度的热爱，最好的办法就是让用户与企业共建品牌。

让用户与企业共建品牌，用互联网思维来解释，就是用众包思维做品牌，传统时代做品牌是企业自己的事，做好了才有顾客；而互联网时代则不同，网络时代讲究的是生态，品牌想要做成功，必须是一个生态系统，在这个系统中，线上"粉丝"、线下用户、合作者、员工，甚至是一些并无关联的人，都能为品牌的建设提供建议和力量。

在众包法则之下，企业可以吸收各种外界资源进入企业的建设中。用户作为产品的使用者比社会大众更加了解企业产品的优缺点，并且在产品的使用过程中，他们对产品拥有自己的建议和期待。对于企业来说，将用户吸收到企业的建设过程中，对于企业具有重要意义。

作为我国互联网快时尚第一品牌，韩都衣舍拥有 400 多人的时尚设计师团队和接近百人的专职搭配师团队，它旗下具有男装、女装、童装和牛仔等 17 个子品牌。因为其都市时尚风的定位，韩都衣舍吸引了大批忠实用户。

在每次要上新款服装时，韩都衣舍首先会将设计图放在网站上，让用户对款式进行评价和挑错，并在相应的 QQ 群里讨论自己对这款衣服细节处理的建议，最后达成一个大多数消费者比较接受的修改意见进行修改，然后生产、上架。

在这个流程中，大牌设计师不再是服装设计的主导者，消费群体成为服装款式的颠覆者。正是如此，越来越多的用户参与到韩都衣舍的服装设计中来，不仅增加了产品的市场销量，还增强了用户的黏度。

不仅仅是产品的设计与改进，让企业一直痛并快乐着的口碑传播，也是让用户成为企业的一分子，参与到品牌建设中的绝佳手段。让用户为你的品牌做宣传，比企业自己花大价钱打广告更立竿见影。

2008年，畅销全球129个国家的立顿下午茶曾经推出一个名为"传情下午茶"的试饮活动（图3-7），活动中，立顿以"为你的好朋友送出一杯下午茶"的方式，邀请用户输入其朋友的手机号码，一旦得到朋友的确认，该朋友就能收到一杯"立顿传情下午茶"。立顿公司巧妙地将试饮和"请朋友喝茶"的社交行为结合，并且通过"收到下午茶多少，就意味着有多少人把你当朋友"的美好寓意，为推动人们口碑传播起到了十分重要的作用。

图3-7 立顿"传情下午茶"活动页面

2015年2月，钱乐蜂网自有品牌市场总经理余金华的O2O创业项目调果师宣布完成Pre-A轮2000万元融资，估值2亿元人民币。

　　为了快速建立起自己的品牌势能，调果师在开业初期采用了"试饮"的方式，先让部分用户体验调果师的独特味道，再将品牌传播出去。在这个过程中，调果师的单品"橙的花样年华"很好地同其他已经成熟的果汁品牌区分开来，迅速在试饮者心中留下了深刻印象，试饮者纷纷在微博等社交平台上为其做起了免费推广，在仅仅半个月内，便将调果师的营业额提升了30%。

　　无论是立顿的"传情下午茶"活动，还是调果师的"年华试饮"活动，都不只是单纯的营销动作，更是一种通过用户口碑传播所进行的传递品牌价值观的品牌动作。

　　得益于互联网技术的发展，也得益于国内安防行业市场需求的扩大，安防电商O2O模式在2014年的发展势头异常迅猛。中安商城、安防人、慧聪安防等纷纷崛起，然而，最为成功的，还是全能安防（图3-8）。

　　在与同行业者的多项评比中，全能安防不仅夺得了2014年安防产品销量第一的桂冠，还囊括了品质第一、品牌第一等多项大奖。

图3-8　全能安防的宣传海报

　　全能企业的CEO李政表示，全能安防之所以能够在品牌上碾压众多对手，秘诀便在于借鉴了小米营销的参与感模式。为此，李政购买了一大批《参与感》的书籍，派发给每一位员工进行学习。推动员工思维上的快捷转换，让企业运营的"参与感"落实到实处。

一直以来，全能安防的品牌目标就是打造国内第一安防品牌，以用户需要为中心，不断生产让用户满意的产品。为此，在结合实体店优势，将线下资源战略性地整合到线上店铺的合流过程中，全能安防创造性地推出了"视觉化营销"概念。充分结合消费者"自己参与生产的产品才会最可信"的观念，将用户引入到了品牌建设和产品开发之中，使用户在每一个环节都享受到足够的尊重和最佳的体验。

例如，不是任何用户都有购买和使用保险柜等安防产品的意愿，而想要使用这些产品的人，对于产品规格又有不一样的需求，了解了用户渴望的功能，才能研发出相应的产品，

在这一过程中，全能安防便渐渐形成了其特有的"巧夺天工，服务到家"的品牌特点，任何用过全能安防产品的人，都会对这个品牌表示赞同。

企业经营者必须明白一件事情，品牌是针对用户而存在的，好的品牌必须基于用户的需求明确宣言和愿景。例如，阿里巴巴"让天下没有难做的生意"的企业愿景，谷歌"整合全球信息，使人人都能访问并从中受益"的呐喊，都是建立在满足用户需求的基础上的，而想要明确用户需求，最本质的办法便是让用户参与到企业品牌建设中来，成为企业的一分子。

如今，越来越多的互联网企业不仅开始意识到众包创新的巨大潜力，也纷纷开始注意到农村市场的潜力丰富，大有可为。从O2O劳务众包入手的"村村乐"便是其中的佼佼者。

作为中国最大的专门为农民朋友服务的综合社区网站，村村乐也

已成为目前国内最大的寻人分类信息交流平台。创建之初，村村乐在产品端只是一个面向农村的综合类门户网站，而在坚持以众包方式盘活农村闲置劳动力的过程中，村村乐做了一件有意思的事，也因此点石成金，由一个单纯的门户一跃变成了一个全国领先的农村 O2O 服务平台。

在运营中，村村乐工作人员发现，众包方式盘活农村闲置劳动力的想法虽然不错，但实际执行起来，村民的参与热情并不高，这其中的一个关键就是没有带头人。于是，村村乐决定执行"招募网络村官"计划，加入网站的所有村民都可以申请村官，经村村乐审核评分后，最优者即可担任所在村的网络村官。

网络村官这一思路可谓画龙点睛，刚一开展便得到了广大农民的响应和支持，短短一年时间，村村乐便已经发展了 20 多万个村官。而在这些网络村官的帮助下，拉新人入站、筹集村民做项目、组织劳动力，都进行得十分顺利。时至今日，网络村官俨然已经成为村村乐做农村线下业务不可或缺的落地点。而仅靠这些网络村官的帮助，村村乐的年营收便比原来多出了几千万元之巨。

作为一种成功的品牌塑造手段，参与感已经同社会化营销一样，深深地植根在了跨界企业的灵魂之中。当参与感真正深入到用户内心的时候，用户就会主动参与到企业品牌和产品的相关活动之中，甚至不需要商家去做多余的运营。

将用户吸收到企业的建设中，让用户参与产品的设计是众包法则的一个极为重要的方式。通过这种方式，企业的 CRM（客户关系管理）发生变化，原本以搜集用户信息为核心的 CRM 变成用户与企业合作互动的模式，在这种发展条件下企业的产品将更加个性化，用户对企业也更加忠诚。

第 4 章

情怀植入
——讲故事，塑造品牌个性

在这个情怀至上的年代，每一个消费者都有潜在的价值观和需求点。企业学会讲故事、塑造品牌个性，对品牌营销有着十分巨大的推动作用。谁更用心，谁更有情怀，谁就更有机会成功。

没有故事就难以被铭记

相信很多人都思考过这个问题，为什么中华老字号或者是国外的一些历史悠久的品牌能够源远流长，历久弥新，即便时过境迁，依然能够被人们喜欢？也许有人会回答说，因为这些品牌有着优质的产品和服务。然而，这只是其一。更重要的一点是，这些品牌在悠久的历史传承当中，凝结出了自己独有的故事和情怀，使自己变成了一种文化和象征。这才是这些品牌得以流传至今的重要原因。

从心理学角度讲，人都有一种自我实现感，没人有愿意听大道理，人们更喜欢听小故事。这与人的智商和地位无关，只是单纯的喜爱与厌恶。事实上，大多数成功的品牌，都擅长把话题变成故事，而在故事中，它们能够更好地将品牌的历史、内涵、精神向用户娓娓道来，在潜移默化中完成对品牌的营销推广。

许多国外的品牌，背后往往都有着一段令人百感交集的故事，或是确有其事，或是品牌的一种手段。CoCo Chanel（加布里埃·香奈儿）谜一样的身世、坎坷的经历、对潮流的独特见解以及大胆地对女性平等、解放的倡导影响了很多女性，也成为了 Chanel 品牌引人迷恋的原因之一。而 Tiffany（蒂凡尼）则是凭借奥黛丽·赫本出演的电影《蒂凡尼的早餐》，一举成为女性心中精致、纯粹的生活理想和爱与美的象征。

不仅仅是国外的品牌，中国许多传统的老字号，也都有着自己独特的文化和故事，许多传统企业也一直注重故事所带来的影响，在过去很长一段时间里，以此成功的品牌不胜枚举。

1938 年，受战争等多重原因的影响，钻石的价格急剧下降，著名钻石厂商戴比尔斯公司向艾耶父子广告公司寻求援助，希望扭转这种颓势。后者经过 3 个月的调查研究后，给出的解决方案仅仅是一句广告词。

次年，抱着试试看态度的戴比尔斯公司将广告语 "A diamond is forever" 投入市场，几乎一夜之间，便将原本无人问津的钻石包装成了人们的婚礼必备品，钻石价格又从谷底一路上涨。一些新娘甚至对新郎高喊："用两个月的薪水换一件足以持续一生的礼物，难道还有什么可犹豫的吗？"

"A diamond is forever" 翻译成汉语，便是我们所熟知的那句"钻石恒久远，一颗永流传"。一句仅有 4 个单词的广告，却救活了戴比尔斯公司，让钻石这种亮闪闪的饰品赢得无数新人的欢心，魔性何在？美国南加州大学传播学教授迈克尔·科迪给出的答案是："它为这个产品赋予了一种情感意义，让人们产生共鸣。"

"A diamond is forever" 可谓开启了品牌情怀的先河，自它之后，耐克公司的 "Just Do It"（想做就做），万事达卡的 "Priceless"（万事皆可达，唯有情无价），以及李宁的 "Make The Change"（让改变发生），都是打造品牌性格与情怀的典范。而在这样忽然天成的情怀之下，足以让人们忽略广告背后的商业目的，心甘情愿地为之买单。

何谓情怀？简单来说，就是一种能够共通心情与感情的心境。如果企业能够给大众讲述一个好故事，品牌就能够走进人心。

以小米为例，雷军一直把小米说成"8 个老男人的创业梦"。在2014 年小米年度发布会前一天，雷军还在微博发出了一张 8 个人的合影（图 4-1），并配上文字说："意气风发，像不像大学毕业合影？"

图 4-1   8 个老男人的小米梦

在小米年度发布会当天，雷军也回顾了小米 4 年来的发展，讲述了创始人团队中"8 个老男人"的创业故事。通过这些有关梦想的故事，马上让这个团队同小米的目标客户群"80 后""90 后"们联系在了一起。

传统企业往往是先有品牌才有故事，而互联网企业则恰恰相反，是有了故事，才有的品牌。

锤子手机在上市之初是一个全新的品牌和产品，没有小米的"粉丝"，没有苹果的影响力，也没有乐视的生态系统，但是老罗的锤子手机有工匠精神的情怀。所谓工匠精神，就是在当下浮躁的社会背景之下，坚持用认真的态度做出一款优秀的、极致的手机。依靠工匠情怀，锤子手机在上市之初便赢得了追捧，"粉丝"甚至高呼"你只管认真，我们帮你赢"。

魔漫相机的设计者任晓倩，也是因为童年时收到了一张贺卡，而产生了"如果封面上的那个幸福的小女孩是我就好了"这样的感慨，加上她毕业后在美国为沃尔玛制作个性化定制礼品的工作经历，才萌生了创业的念头，想让更多的人能够体会到平凡生活之外的美好。

于是魔漫相机的创意就这样诞生了。用户通过魔漫相机，可以将照片中的人物制作成漫画的形象，搭配应用当中的背景和细节装饰，创作出一幅漫画。在这基础上，魔漫相机还推出了线下体验店，用户在体验店可以将魔漫相机生成的漫画形象制作成杯子、笔记本、T恤、手机壳（图4-2）等物品。

图 4-2　魔漫相机生成的漫画制成的手机壳

在创业的大潮中，像任晓倩这样为了某种情怀而创业的人并不在少数，很多已经获得不错成绩的互联网人，也有一些因为某个盘旋不去的念头选择创业，同时也因为这些情怀衍生出的故事，为创业助以一臂之力。

黄太吉的创始人赫畅，曾经在百度、去哪儿、谷歌等互联网公司任职，从事品牌与用户体验管理相关的工作。黄太吉是他的第三次创业，这次创业的理由简单到让人难以置信：出生在天津的老板娘喜欢吃煎饼果子，于是赫畅就在北京的CBD支了个"煎饼摊"。

这个"煎饼摊"有知名 VC 投资的 4000 万元，有开奔驰送煎饼的老板娘，有老板的外星人讲座，有能够满足存在感的微博……一个又一个的新奇的故事吸引着各路人马前去围观。

西少爷肉夹馍比黄太吉的起步时间晚，但是如今风头正盛，与黄太吉的名气不相上下。在高楼林立的"宇宙中心"五道口，一家小小的肉夹馍店孤零零地站在广场中间，前来买肉夹馍的人却是人山人海。

追溯西少爷最初出现在人们的视线中，是在 2014 年 4 月初的时候，一篇名为《我为什么要辞职去卖肉夹馍》的文章在社交网络上被疯狂转载。西安交通大学的毕业生、在互联网公司任职的 IT 人士和不起眼的肉夹馍形成了鲜明的对比。同样的故事还有伏牛堂张天一的《我硕士毕业为什么卖米粉》。

国家一直都在号召"物质文明和精神文明两手抓"，如今社会的经济和科技的发展水平和过去相比已经有了很大的提高，在实际功能上能够满足消费者需求的产品层出不穷，而且同质化严重。因此，企业就需要在打造好产品的基础上，用情怀、用故事来吸引消费者的目光。在这样一个人人都在讲故事的时代，如果你没有故事，就难以被铭记。

情怀是品牌的最佳卖点

生活中这样的事情屡见不鲜：当你上班要迟到了需要打车时，你会在意这个出租车是用什么软件叫来的吗？如果你需要保洁阿姨打扫卫生，会在意她隶属于阿姨帮还是 e 家洁吗？又或者是，当你需要叫外卖的时候，会在意这家餐厅是在哪一个外卖平台上吗？

答案几乎都是否定的。如今市面上的产品，似乎看起来都不一样，但把一层层的包装都脱掉之后，本质上能够提供的服务都是相同的。单从实用性的角度来考虑，只要产品能够满足用户的需求，用户就不会计较这个产品究竟来自哪家公司。也就是说，只要能够满足用户的同等需求，用户在品牌商的选择上并不存在十分明显的偏好。

据南澳大学的研究报告显示，当用户与品牌邂逅之后，在线下给予品牌的时间只有13秒，线上略多一些，但也仅有19秒而已。也就是说，用户真正决定是否购买你产品的时间，仅有不到20秒的时间。

完全同质化的产品，短短20秒的思考时间，成熟的品牌往往可以凭借着口碑的积累，让用户逐渐形成购买习惯，但是一个新品牌，如何能够在短短的20秒时间里，在用户的心中留下深刻的印象呢？

答案很简单，只有情怀二字。当用户与品牌能够建立起某种精神共鸣的时候，品牌的形象在用户心中就会更加亲切，用户在选择商品时，便会迅速联想到产品。

情怀二字虽然是近两年才被罗永浩和他的锤子手机炒热的，但是对于情怀的运用，罗永浩绝对不是第一个吃螃蟹的人。说到用情怀炒热品牌，早年间的凡客无疑是非常成功的。

在过去的几年里，每每谈到凡客诚品，不少人心中便会出现两个词"凡客"和"挺住"。作为卓越网的联合创始人之一，陈年很早便意识到互联网时代品牌和情怀的重要性，创办凡客后，他也一直在摸索着能够让凡客与用户之间产生共鸣的媒介点，而"凡客"和"挺住"，正是这样的衔接点。

从韩寒、王珞丹的"我是凡客"到李宇春的"我们是凡客"，"凡客体"对主流文化的戏谑，与"80后"和"90后"彰显个性的想法不谋而合，同时也将"人民时尚"这样一种潜藏在广大用户内心深处的概念激发了出来。所以，广告一出，便引起了一场规模空前的病毒式营销，大街小巷都是凡客的广告牌，网民也纷纷自发模仿"凡客体"。

正是通过这种情怀，凡客将品牌形象深深植入广大用户的头脑当中，从而得到了十分强大的品牌力量，以至于如今沉寂已久的凡客重整旗鼓，再踏征程之时依然能够得到很多用户的支持和鼓励。

虽然不能武断地说凡客诚品的成功完全归功于在打造品牌的时候陈年足够注重用情怀引起顾客的共鸣，但必须承认，这种品牌与用户之间的感情共鸣确实更好地促进了凡客的发展。

无独有偶，2013 年，一则聚美优品 CEO 陈欧为自己代言的广告在电视媒体和网络上盛传："你只闻到我的香水，却没看到我的汗水；你有你的规则，我有我的选择；你否定我的现在，我决定我的未来；你嘲笑我一无所有，不配去爱，我可怜你总是等待；你可以轻视我们的年轻，我们会证明这是谁的时代。梦想，是注定孤独的旅行，路上少不了质疑和嘲笑，但，那又怎样？哪怕遍体鳞伤，也要活得漂亮。我是陈欧，我为自己代言。"（图 4-3）

图 4-3 聚美优品的广告

这一段颇有自嘲精神的广告词与当年的"凡客体"一样，迅速在社会化媒体平台上得以广泛流传。因为最后的那句"我是陈欧，我为自己代言"而被网友们戏称为"陈欧体"。

这段广告词不仅展示了陈欧在聚美优品创业路上的艰苦奋斗，同时也道出了所有年轻的奋斗者们所遇到的困难和对未来的憧憬，很容易引起人们的共鸣。不少网友表示，看过之后热血沸腾，感慨良多。

事实上，在2011年的时候，聚美优品就已经在广告中通过蜗居、裸婚等"80后"共有的压力，来着手培养情怀，将聚美优品这一个年轻的品牌与"80后"联系在一起，营造一种品牌与用户共同在压力中努力与成长的氛围。同时也在向用户传递一种价值观，那就是不论追逐梦想的过程多艰难，也要让自己活得漂亮，这让聚美优品的产品除了让妆容更漂亮，也具有了一些精神层面的意味。

"雕爷"孟醒便曾说，企业品牌唯有能够引发用户的情感共鸣，才能吸引用户的关注和购买。说白了，就是品牌要有情怀作为卖点。

以卖水果为例十几年前，卖水果能够关注的点就是口味和新鲜度，而随着种植技术和运输手段的提高，不能满足这两点的产品逐渐被市场所淘汰；几年前，又有人从一堆口味和新鲜度都不相上下的产品中跳出来，说自己的产品是无公害的绿色食品，"健康牌"一出，那些农药、化肥超标的产品再度被市场淘汰；近两年，无论是口味还是安全都已经得到了保障，想要再独树一帜，就要另辟蹊径，于是果农的辛苦不易，或者是产品的品种独特等信息开始成为卖点。而诸如果农辛勤、品种尊贵、健康绿色此类的卖点，其实就是在提倡一种情怀。

将情怀作为品牌的卖点，是近年来兴起的"互联网+"创业公司最喜欢做的事情，从养猪的丁磊、种大米的刘强东，到褚橙柳桃潘苹果（图4-4），都是在把情怀作为产品的卖点。这些名人水果几乎比普通同类产品的市场价高出一倍以上，为什么还有人愿意去买？就是因为有一份情怀在里面。

近年来风头正盛的"雕爷"孟醒，也是把情怀作为卖点的个中高手。作为国内餐饮行业较为成功的创业项目，雕爷牛腩最大的卖点，就是与众不同的情怀，可以说，从用户一进餐厅起，情怀就表现得淋漓尽致。

图 4-4　褚橙柳桃潘苹果联合宣传（摘自凤凰财经综合）

小菜是韩式的，前菜是越式的，高汤是泰式的，上菜顺序是法式的，服务是日式的……多国的特色在雕爷牛腩得到了有机结合，不会让人觉得冗杂，反而有一种兼容并包的雅趣。

雕爷牛腩提供的茶水也别有讲究，为男士提供西湖龙井、冻顶乌龙、茉莉香片以及云南普洱 4 道味道由淡到浓由轻到重的茶，而为女士则提供薰衣草红茶、洛神玫瑰、洋甘菊金莲花 3 款特制的花茶。

整个用餐过程，从环境到服务，都能够带给用户一种精致的享受，这也就是孟醒所说的"轻奢餐"的感觉。另外值得一提的是，雕爷牛腩的餐具都是特制的，在用餐完毕之后，用户可以选择将鸡翅木的筷子带走留作纪念。

在菜品方面，主打的雕爷牛腩，更是花费 500 万元重金，从周星驰电影《食神》的原型戴龙处求得的。除主打菜品之外，雕爷牛腩还提供 12 道精致的菜品，按照每月一小换，一季一大换的原则，按照顾客的喜好来决定菜单中菜品的去留。

开业之前，为了确保能够为用户带来最极致的享受，雕爷牛腩进行了为其半年的内测，只有拿到邀请码的人，才能够在内测期间到餐厅就餐。

口味历来是一个仁者见仁智者见智的事情，抛开口味不谈，单是在雕爷牛腩用餐，就能够给用户带来超凡的用户体验，这正是雕爷牛腩"轻奢餐"的轻奢所在。事实上，去雕爷牛腩吃饭的人，并不是为了吃一碗饭，而是为了体验餐厅中所营造出来的氛围。

正如营销大师菲利普·科勒在其《论销售》一书中所说的：星巴克卖的不是咖啡，是休闲；劳力士卖的不是表，而是奢侈的感觉与自信；法拉利卖的不是普通跑车，而是一种近乎疯狂的驾驶快感与高贵；希尔顿卖的不是酒店，而是舒适与安心。

有人说，互联网产品终究是与高科技接轨的，因而，主打产品性能和体验才是王道，缔造品牌情怀是剑走偏锋的做法，并不适合所有人。然而事实上，情怀二字虽不是万能的，但是没有情怀是万万不能的。

单纯就产品本身而言，如今的市场硝烟四起，同质化现象十分严重，常常是一家产品有了新功能，其他人便纷纷效仿，产品和应用之间都成了孪生兄弟。品牌想要从这样激烈的同质化竞争当中超脱出来，就必须要在情怀上下功夫。

锤子手机为什么那么火？2D 游戏《诛仙》为什么至今仍然玩家无数？"我是江小白"的"青春型白酒"为什么能够销量近亿？无数的案例证明，如果你不懂得为自己的品牌披上一件由性格和情怀编织的外衣，那么，很遗憾，你的产品也许注定要为别人做嫁衣。因为有故事、有情怀的品牌，才是有卖点的品牌。

用情怀做运营，而非销售

西方经济学在研究过程中，有 3 个假定的前提条件，分别是经济人假设、信息完全假设和市场出清假设。其中经济人假设又称理性人假设或最大化原则，是指在经济生活当中，每个消费者都是理性的，追求自身利益最大化的。

经济人假设只是一种完美境况的假设，在现实当中人们常常会受到各种感性因素的影响，这也是情怀可以作为品牌最佳卖点的原因。但不论消费者的情感有多么丰富，他们最多也只会为了情怀而买单，而绝对不会为情怀买单。因此，企业需要做的是用情怀去做运营，而非销售。

销售通常是钱货两清的交易，更看重结果，而运营则更加注重过程，要将品牌的形象定位、长远发展都计算在内。随着情怀概念的不断升温，市场上涌现出了众多有情怀的产品，新晋创业企业也几乎都将情怀挂在嘴边，但并不是所有讲情怀的企业都顺利地活了下来，就是因为它们将情怀用错了地方。

说起情怀，不得不提的就是罗永浩和他的锤子手机。从罗永浩提出要做手机开始，锤子手机就被赋予了不一样的含义。

在做手机之前，罗永浩从事过很多的工作，卖过羊肉串，卖过计算机配件，写过书，也做过培训师，所有的这些经历在他进入新东方之后，都得到了整合和升华，使他得以凭借犀利幽默的语言风格，作为一名"文人"走进人们的视线。

2011 年时，罗永浩砸西门子冰箱维权，引起了不小的轰动，也由此引出了他的锤子手机和工匠精神（图 4-5）。不得不说罗永浩确实是有情怀的，他对于产品设计层面上的近乎吹毛求疵的严苛，以及他丰富的经历，都很容易感动到用户，这也是罗永浩本人能够聚集起那么多"粉丝"的原因。

图 4-5　罗永浩讲述的工匠精神

但是这并不能代表锤子手机也有很多的"粉丝"。大部分的"锤粉"是从"罗粉"转化过来的，购买锤子手机的人，也大都是因为支持罗永浩，而不是单单地从手机的角度来选择产品。这就使罗永浩在卖锤子手机的时候，也将一部分情怀打包出售了。

罗永浩一直在强调工匠精神，但工匠精神不是一句空话，要提供一款优质的产品才能将工匠精神发挥得淋漓尽致。

用情怀做手机并没有错，风靡世界的苹果，在国内大行其道的小米，都是有情怀的，但不应该用情怀去销售。如果只是将情怀打包出售，那么当情怀兜售一空的时候，企业也就该关门大吉了。

虽然"情怀"一词是在互联网经济时代才发光发热的，但其实用情怀做运营并不是互联网的专利，很多大品牌都很擅长用情怀做运营。

来自大洋彼岸的运动鞋品牌 New Balance，其广告片邀请李宗盛来出演，将广告做成了他独白的形式，讲述了李宗盛个人对作品的情怀与坚守等感情元素，成功地抓住了观众对人、对匠人、对匠人精神的一种赞叹和珍视。New Balance 也因此创下了广告收视之最，为品牌注入了匠人精神的情怀。

如今人们的生活节奏越来越快，生活环境越来越物质化，因此情怀作为一种精神上的需求，被越来越多的人所重视。

可口可乐的品牌能够长盛不衰，与其对情怀的精准把握和运营也是分不开的。2013 年，为了缓和印度和巴基斯坦的紧张关系，可口可乐公司在两个国家分别放置了拥有 3D 触摸屏技术的自动售货机。只要两国人民通过售货机中内置的摄像头和 Skype 共同完成触摸屏上的提示动作，就能够各自获得一听可口可乐。活动现场，两国人民放下仇恨，享受到了"握手言和"的欢乐。

近年来，可口可乐一直在不断赋予产品更深厚的内涵和更加丰富的情感。2015 年播出的一部温情广告，讲述了一个有关在迪拜打工的南亚劳动力给家人打电话的故事，在赚足了眼泪的同时，也给可口可乐带去了不少的美誉度。

迪拜是个富庶的地方，但是有很多来自南亚的劳动力，拿着平均每天 6 美元的收入，打电话给家人却需要花费每分钟 0.91 美元的费用，因此，对于这些外来务工的人而言，能够打电话回家，听听家人和孩子的声音成为了一种奢望。

于是，迪拜可口可乐公司在 2014 年，联合扬罗必凯广告公司，开发了一款可以用可口可乐瓶盖支付通话费用的电话亭（图 4-6），放置在工人生活的区域。在这些电话亭里，每一个可口可乐的瓶盖都能够换来免费的 3 分钟国际通话，相当于这些工人半天的工资。

图 4-6　可口可乐幸福电话亭

可口可乐以此为主题，拍摄了广告和微电影，在 YouTube 上迅速成为热门，在微博上也得到了很高的关注度。广告中工人与家人们打电话时幸福洋溢的声音和抑制不住的笑容，戳中了很多人的泪点。不少观众在看了视频之后，纷纷表示："可口可乐的这部广告，让我愿意一辈子都不再喝百事可乐。"

当所有人都在谈情怀的时候，"情怀"一词似乎显得有些庸俗和廉价，而实际操作起来，又似乎是一组颇有门槛的高难度动作。事实上，只要能够触动人内心深处细腻的情感，就是情怀。

人们对待事物的判断，除理性的分析之外，还会受到感性因素的影响，甚至有时绝大部分的判断都是在感性因素的影响下做出的。尤其是女性消费者，更容易受到感情因素的影响。男性消费者在内心深处也是有着细腻的情感的，俗话说得好"男儿有泪不轻弹，只因未到伤心处"，只要把握得当，情怀也一样能够击中男性消费者。

那么，一款产品的运营，怎样才能够算得上情怀呢？

第一，要有准确的产品定位。

每个产品能够讲述的情怀只有有限的几种，才更加引人入胜，即便可口可乐不断丰富产品内涵，也并没有脱离"快乐、幸福"的内核。因此首先要知道产品想要讲述一个怎样的故事，要带领用户进入到怎样的状态当中。

Timehop 这款应用，就很好地抓住了人们对于回忆的情感诉求，通过绑定帐号，可以将用户在社交网络上所发布过的老照片和老帖子汇集起来，呈现出曾经写过的 Twitter、Facebook 状态和拍过的 Instagram 照片，帮助用户回顾过去的自己。正是这种情感化的设定，让 Timehop 迅速积累了大量的用户，从竞争激烈的软件应用市场脱颖而出。

第二，要有恰当的品牌战略。

产品和品牌的不同定位，也将决定着品牌战略的展开方向有所差异。罗永浩的锤子、雷军的小米或者是韩寒的 ONE·一个，都属于典型的名人品牌战略，通过打造名人品牌，将"粉丝"对于某一个名人所抱有的情怀，转移到产品和品牌之上。这种只可意会不可言传的情怀，就是这类品牌战略的基础。

当然，没有名人作为支撑，也能够通过有情感的广告营销的方式，塑造品牌形象。2015 年，著名护肤品牌韩后推出了情书面膜，在面膜包装背面印有"妈妈、女神、爱、谢谢"等字样，将面膜打造成一款社交产品。此外，韩后还专门为情书面膜的使用场景创作了短视频，在社交网络引发了网友们的模仿和传播。受到情书面膜的影响，2015 年的"919 爱购节"销售额突破了 10 亿元，与 2014 年同期的 5 亿元销售额相比，翻了一番。

第三，要选择适合的渠道。

不论是销售渠道，还是营销渠道，都要与自身品牌和产品形象相符合。例如，锤子手机立足工匠精神，坚持做"有情怀"的手机，所以只有官网预订一条销售渠道，基本上杜绝了"黄牛"等行为；雕爷牛腩立志要做"轻奢餐"，做有格调的牛腩，因此推出了内测的玩法，只有接到邀请的人才能够前来用餐，这种限量、独特的体验，也与雕爷牛腩的定位十分符合。

情怀是个奢侈品，不仅对于用户来说是如此，对于企业而言也是一样的。在物质文明极大丰富的今天，用户开始追求产品当中所蕴含的情怀，使得情怀的价格一路攀升，这时，如果企业不能够将情怀落到实处，用户对于企业和品牌的"情怀"最终将会消耗一空。

因此，企业要做的，是用情怀做运营，而非营销。要知道用户想要的不仅仅是情怀，更是有情怀的好产品。

在情怀之外做好产品和体验

情怀并不是一个虚无缥缈的概念，而是应当寄托于产品和服务之中的。产品与服务是地基，是经济基础，而情怀则是楼宇，是上层建筑。地基的深度和牢固程度决定了地面之上的建筑能够建多高，同样的，只有做好产品和服务体验，才能够让情怀有的放矢。

皇帝的新装是一个大家耳熟能详的故事，两个骗子凭借绝妙的演技和舌灿莲花的口才，将传说中的"新装"夸赞得举世无双，大臣们也为了掩盖自己的"愚昧"，随声附和，但最终这一切还是被一个孩子戳穿了。情怀、企业与用户之间的关系也是如此。

故事中最重要，但是始终没有出现的那件华美的新装，其实就是产品。企业如果不能够向用户提供好的产品和体验，那么即便讲述了再多的情怀，也依然是在"裸奔"，就算没有人跳出来拆穿，一阵寒风吹过，也免不了要打几个哆嗦，冷暖自知。因此，光有情怀和故事是不够的，产品和体验才是企业真正需要关注的核心。

我们曾经说过，乔布斯和雷军，在做产品的时候都是有情怀的，但是今天苹果之所以能够风靡世界，小米能够在国内外拥有大批支持者，都离不开产品本身。

创办小米之后，雷军对于自己的第一定位，不是 CEO，而是首席产品经理。凭借多年来"发烧友"的经验，以及坚持不断地探索，雷军对于产品的认识十分深入。他将 80% 的时间用来参加各种各样的产品会，或者有关产品层面的讨论会。因此，小米的产品总是给用户带来惊喜。

2015 年 5 月 6 日，小米 Note 顶配版在发布会上首次露出了真面目，雷军说，小米 Note 顶配版是迄今为止"最好"的安卓手机，要让世界重新认识中国创新的力量。小米 Note 顶配版搭载了高通最新发布的骁龙 810 八核 64 位处理器，采用 4GB LPDDR4 内存，屏幕是夏普 5.7 英寸 2K。在相机方面，小米 Note 顶配版采用索尼 1300 万像素光学防抖相机以及高通最强 ISP 影像处理器，同时配备了 HiFi 音乐系统；机身使用 2.5D+3D 双曲面玻璃和铝合金金属边框工艺打造。

小米 Note 顶配版 2999 元的售价，依然创下了小米手机的价格纪录。不过从硬件配置比较，小米 Note 顶配版已经超越了三星、LG、HTC 等品牌的旗舰机型。雷军称，这款手机仅物料成本就达到 2860 元。

从小米 1 到小米 4，再到小米 Note，小米手机总是在处理器、运行内存，或是在制作工艺上领先众多对手们一点点，正是这一点点的领先，才让广大用户始终保持着对小米下一款产品的高度期待。被业内称为"莫博士"的美国知名科技媒体人沃尔特·莫斯伯格在评测文章中评价说："小米 Note 外形美轮美奂，达到了我对苹果产品所期待的程度。我相信，即使小米 Note 在国际市场上与苹果、三星直接竞争，品质和价钱也将使其成为强有力的竞争者。"

不仅仅是小米自身，小米生态圈众多其他企业，也同样在产品上下了苦工。专门生产移动电源的紫米科技制造的小米电源（图 4-7），在质量、价格等方面都堪称极致。在销量最高的时候，一个月就卖掉了 300 万个，仅营业额就突破了 10 亿元。2015 年 11 月，小米电源又推出了 20000mAh 版本，也受到了广大用户的欢迎，足以证明小米电源自身品质之高和使用体验之好。

图 4-7　4 种容量的小米电源

小米如今的成绩看似是通过营销而来的，但是消费者不会一而再再而三地为情怀买单。而且就像雷军曾经说过的一样："其实好公司不需要营销，好产品才是最大的营销。"

"雕爷"孟醒为什么在《如何快速引爆一个新品牌？》这篇文章当中强调牛腩的配方花了 500 万元？为什么强调是从中国香港"食神"

戴龙那里买来的？为什么强调河狸家的美甲专车花了 200 万元？为什么强调内部装修很豪华？归根结底，是为了强调自己的牛腩好吃，是为了强调美甲专业，是为了强调产品，是为了强调体验。

对于企业来说，产品和体验是必答题，而情怀是附加题。想要成绩名列前茅，必答题和附加题都要做对，相反的，如果只做对了附加题，而没做必答题，那么无论这一道附加题答得多么出色，都一样是不及格的下场。

无论是做情怀还是讲故事，外表包装得再华丽，用户拿到手里，还是要把一层层的包装剥掉，直奔产品。产品和服务是 1，围绕其展开的情怀和故事是 0，失去优秀的产品和体验，再多的 0 都是徒劳。

虽然与雷军在诸多地方都要唱反调，但是奇虎 360 创始人周鸿祎在用户体验这一点上，也与雷军的做法不谋而合。

在 360 杀毒软件之前，国内市场上盘踞了很多知名的杀毒软件，金山和瑞星都是其中的佼佼者。但是，除价格较贵之外，当时市场上的所有杀毒软件也都存在一个问题，那就是操作起来非常复杂，在那个计算机刚刚开始普及的年代，大部分网民要么无法独立完成对杀毒软件的操作，要么就要花费很多时间在杀毒软件的学习和操作上。这种情况下，周鸿祎就开始思考，这样别扭的用户体验，是否能够得到改善。

同类问题，雷军在早些年的时候也曾经思考过，他将金山影霸改进成了能够自动播放光盘或储存设备中的视频音频文件，让播放器的操作近乎于"傻瓜"，不论是否接受过计算机方面培训的人都能够使用。周鸿祎也要求 360 的团队研发出一款简单好用到所有人都会的杀毒软件。

于是，360 开启了一键安装、一键查杀的时代，用户操作达到了极致简化（图 4-8），更令人感到惊讶的是，这样一款简单好用的软件，还是免费的。相比价格高昂、操作复杂的金山和瑞星，简单便捷免费的 360 杀毒软件迅速就得到了广大用户的支持，并逐渐占领市场，最终颠覆了对手。

图 4-8　360 杀毒一目了然的界面

既然产品和体验才是企业制胜的根基所在，那么，如何才能做好产品体验呢？简单来说就是满足用户的需求，具体来说，分为以下 3 点。

第一，产品要能够解决用户的问题。

毫无疑问，有需求才有产品，用户在需求一款产品的时候，是期待产品解决问题的。最简单的例子就是药品，用户吃药治好了病，就会觉得是良药，下次遇上同样的病症，就会选择同一种药。产品也是一样，首先要能够完美解决用户遇到的问题。

第二，在解决问题的基础上省时省力。

当能够解决问题之后，用户自然希望所花费的时间和精力更少一些，如之前要吃药一个星期才能好，用户就会期望有一种药，只吃 3 天就能够治好。针对同一个症状，能够起作用的药有很多，除了对症的药，还有不少特效药，不仅仅能够治好病，而且能够药到病除，用户想要的就是这种特效药。这样的产品在体验上更上一层楼，效果好，操作简洁、方便。

第三，产品要随着需求的不断变化而有所变化。

当旧的需求被满足之后，新的需求就会随之诞生，相应的，产品也需要发生变化，这样才能持续地给用户提供良好的体验。

就像苹果公司的一系列产品一样，原本乔布斯只是想要潜心研究出一款携带方便、音质好、容量大的音乐播放器，从而研发出了iPod。随后，为了满足用户触摸互动的需求，iPod加上了一块屏幕变成了iPod Touch；为了能让iTouch和手机的功能合二为一，iPhone的雏形就诞生了……

苹果所做的事情就是不断地根据用户需求的变化来提升自身产品的功能，因而一直能够给用户带来绝佳的产品体验，从而赢得了大量的市场。

情怀能够帮助企业锦上添花，但是产品体验才是能够让企业真正繁花似锦的根本所在。脱离了产品和体验而衍生出来的情怀，必然是无本之木，无源之水，最终也只不过是一场镜花水月的幻影。

在情怀之上构建起品牌个性

"互联网+"时代，各式各样的产品层出不穷，即便是在一个狭小的细分领域当中，也可能出现众多同质化的产品。在一个人人讲体验的时代里，好的产品和体验是企业制胜的必需品，独一无二的品牌性格，才是企业的决胜法宝。

打造品牌个性有时很简单，甚至无须我们在产品和服务上大动干戈，只需要给予品牌一种特殊的性格和情怀，便能够让品牌迅速地变得与众不同。

受到技术水平等客观条件的限制，产品体验是有一定的边界的，但作为一种感性因素，情怀是没有边界的。如果你的品牌能够把握住用户超越物质实体的精神需求，就能够在情怀的基础上建立起品牌个性，实现鹤立鸡群的效果。

榴莲因为极高的营养价值被誉为"水果之王"，但是真正让榴莲声名远播的，却是它极具争议性的浓烈气味，喜欢的人说它是榴莲香，厌恶的人说它是榴莲臭。榴莲本身极高的营养价值，就是优质的产品和体验，而榴莲极具争议性的气味，就是在情怀基础上构建起来的品牌个性。

当然，在建立品牌个性的过程当中，可能会流失掉一部分并不认同这一价值的用户，但一个试图讨好所有用户的品牌，就会如邯郸学步一般，沦为平庸而没有特色的东西，是很难让消费者主动想起的。

孟醒4次创业，都选择了走特立独行的"榴莲路线"。在将牛腩打造成"轻奢餐"之后，孟醒又开始包装烤串。孟醒通过将店内划分为"经济舱""商务舱""头等舱"和"大学生特价票"4个区域的方式，使薛蟠烤串迅速建立起了品牌特色，成为了烤串界的"榴莲"。

这4个区域烤串的品质是完全相同的，但是不同区域的"打底餐"有着很大的区别，茶水、开胃菜、烤蔬菜、烤海鲜以及主食、甜品等的种类也有所不同，每一个区域都有着不同的就餐体验，消费者可以根据自己的喜好或消费水平进行选择。

另外，与雕爷牛腩一样，薛蟠烤串也十分注意用餐环境和氛围的塑造。传统的烤串店不仅环境大都脏乱差，而且给人们留下了一种很不健康的印象。针对这两点，薛蟠烤串一改这一现象，所选的木炭全部为污染率最低的龙眼木炭，烤串签子选用严格消毒的红柳木（图4-9），肉源则全部来自内蒙古的天然草长。不仅改善了脏乱差的就餐环境，也更加健康无公害。

图 4-9　薛蟠烤串的龙眼木炭和红柳木签子

　　这份与众不同的感觉，会蔓延到食客身上，使在这样一家"有范儿"的烤串店吃饭的人们也显得与众不同起来。所以，这样精心打造、特立独行的烤串，有谁听到之后不想去尝试一番呢？

　　同样的案例在餐饮行业数见不鲜，近年来在餐饮行业风生水起，隐隐有赶超海底捞之势的外婆家，正是通过建立品牌特色，将旗下的8个餐饮品牌成功推向市场的。

　　外婆家是通过激发出用户的心理共鸣，打造自身的品牌个性的，在外婆家旗下的餐厅吃饭，所体验到的不仅仅是某种菜品或者酒水，更有一种放松舒适的归属感。同时，外婆家旗下的8个子品牌相互之间也有很大的区别，每一个都有自己的独特之处。

　　以外婆家的新晋品牌"动手吧"为例，"动手吧"倡导的是一种回归自在的生活。在餐厅就餐，没有餐具，不用器皿，采用徒手就餐的方式，无论是小龙虾还是薯块，无论是大骨头还是烤羊腿，全部用手抓着吃，最大程度地帮助就餐者摆脱了传统中餐的束缚。让用户在放松的就餐环境中，释放生活和工作中的压力和不愉快。

据统计，去过"动手吧"餐厅的用户，想要再次去消费的高达83%，而实际实现二次消费的乃至更多的，比率高达69%，如此高的回客率，绝对是大多数餐厅所无法企及的。

鉴于品牌个性化的强大势能，不少创业者都已经意识到了明确品牌特色的重要作用，并从产品差异化、经营差异化、服务差异化等多角度着手，试图将品牌的方方面面都与同行业者区别开来。然而，这样做的结果往往并不理想，甚至不仅不会取得理想中的效果，还会让企业沦为非牛非马的"四不像"，最终惨淡收场。因此，企业在塑造品牌个性之前，一定要有准确的品牌定位和情怀定位。

目前聚焦于生活服务的同类 O2O 产品不胜枚举，周末去哪儿、城觅、调调、鲜城等，都是其中的佼佼者。不得不说，"小日子"能够在众多竞争对手的环伺下崭露头角，正是由于其以准确的情怀定位，恰到好处地填补了国内市场文艺人群店面大数据和 O2O 服务的空缺，以文艺情怀和性格，成功俘获了大批的文艺爱好者，集结了大批拥趸，最终成功逆袭。

在刚开始创作"小日子"的时候，其创始人王晴便格外注重对产品情怀的打造，她希望"小日子"能够为用户提供带有文艺情怀的城市生活服务，与以广大文艺青年为主流的社会群体形成绑定关系。因此，她将小日子的品牌定位为：立足于文艺情怀，以探索和发现有特色店铺、商家、文艺场所为基础，解决社会新兴主流消费群体的购买需求，并且有效帮助商户缓解推广和营销上的压力。

从目前的最近版本看，"小日子"集中了北京、上海、成都等一线城市的咖啡馆、西餐厅、画廊、茶艺坊、花艺店、小酒吧等多种商户，只要用户能够联想到的文艺场所，几乎都能在这款 App（图 4-10）中找到。除此之外，小日子还会引入专门针对"文艺范"的 P2P 本地化城市旅行服务，力求让"小日子" App 在商业服务方面同感性情怀方面得到协调一致。

图 4-10　　"小日子" App

2015年12月，"小日子"与前阿里巴巴员工金忠堃创办的"懒人周末"宣布合并，双方在侧重上各有不同，经过整合后，将会覆盖到市所服务城市 80% 以上的店商资源。

成立尚不满一年的"小日子"，能够取得这样的成绩，与其独特的情怀定位是分不开的。只要有明确的品牌定位，想要营造出一种别具一格的情怀并不难。而且，虽然情怀与个性的营造是需要时间的，但也并不是没有捷径的。

第一，给品牌取一个充满遐想的名字。

一个成功的公司在创造自己的名牌之前，首先要打响的就是公司的名字。小米的名字来源于"佛观一粒米，大如须弥山"，有以小见大的意味；雕爷牛腩的名字则来源于"雕爷"孟醒在"江湖"上闯出来的名气；2014年迅速蹿红的O2O餐饮品牌"叫个鸭子"，则是用极具传播色彩的名字吸引了用户的视听感官……

对于用户来说，越是具有指向意义的公司名，越能够引起他们对品牌的关注。甚至可以说，在80%的用户心中，公司名字是和其品牌对等的。所以，想要让公司的品牌调性立刻彰显出来，不妨起一个令人浮想联翩的名字。毫不夸张地说，公司和产品名称所带来的影响力，甚至直接关乎着品牌的生死。

第二，开发核心渠道，促进高效传播。

受互联网思维，以及互联网连接方式多元化的影响，品牌在营销过程中的传播渠道并不是唯一的。但是，对于刚刚起步，并且资源有限的O2O创业者来说，必须学会拒绝"百花齐放"的诱惑，准确把握核心渠道，让品牌在主流渠道高效传播。

第5章

爆品打造
——用极致思维打造大单品

雷军说，极致，就是把自己逼疯、把别人逼死。通俗地讲，在商业竞争中，谁能在同质化十分严重的市场中坚持将产品做到极致，为自己的企业开发出一款让人惊艳的、独一无二的爆品，谁就有机会引爆用户的消费热情。

从渠道为王到产品为王

传统行业一直有一句话被奉为经典，那就是"渠道为王"，现代市场营销理论用这句话来强调通过营造良好的渠道以赢得客户、抢占市场先机的重要性。在传统商业时代，得渠道者得天下，然而在互联网时代，渠道为王的商业模式已经行不通了。

现代市场营销理论中，4P 是一个很重要的概念，分别是产品（Product）、价格（Price）、渠道（Place）、促销（Promotion），其中，渠道关系到产品是否能够正常地在市场上运转和流通，这是传统经济模式下企业得以生存的根本所在。因此，渠道与资金流一样，都对企业有着非凡的意义。

受到技术物流技术、信息技术及媒体等发展水平的限制，传统企业与用户直接接触的机会少之又少，尤其是大规模的企业，想要从企业直接面对消费者，成本高、难度大，因此，往往是通过代理商、批发商、零售商等中间商实现与用户的接触，用户能够接触到什么样的产品，完全取决于身边的渠道有什么样的产品。最典型的例子就是在肯德基只能喝到百事可乐，而在麦当劳也只有可口可乐可供选择。

但是随着互联网技术的兴起，时间和空间的距离不再是问题，企业与用户接触的成本近乎为零，用户所能够接触到的产品不再局限于身边渠道商所提供的种类，甚至可以说，只要能够接入互联网，用户就能够接到全渠道的产品。渠道商所提供的产品种类，不再是限制用户选择的条件，产品本身的优劣才是胜负手。这时候，产品本身的质量和所带给用户的体验，就成为企业应该首要关注的因素。

小米的崛起，就很好地证实了产品为王的理念。2010 年 8 月，小米推出了第一版 MIUI，这款开放度高、操作性强的 UI 在短短一年的时间里，吸引了 50 多万名来自世界各地的手机"发烧友"，被来自 24 个国家的用户自发升级为当地语言版本。当时小米手机还尚未问世，MIUI 传播的渠道也仅仅只是包括小米自己的 MIUI 论坛在内的几个手机论坛而已。而到 2012 年 MIUI 发布两周年之际，MIUI 在全球范围已经有了 600 多万用户，成为最受欢迎的国产手机系统。

小米手机也是如此。2011 年，小米推出了第一代小米手机，仅仅凭借互联网销售，就创造了百万级别的销量。经过 4 年的时间，小米手机 2014 年全年销售手机已经达到了 6112 万台，与 2013 年相比增长了 227%，2015 年全年的销量也在 8000 万台左右。虽然也有一些人在线下的小米之家进行购买，但是大部分手机还是从互联网上被买走的。

虽然提到小米，很多人都停留在绝妙的营销手段和狂热的"粉丝经济"之上，马云也用"营销"二字概括小米，但不得不承认 MIUI 和小米手机本身对用户而言是存在着吸引力的。

这并不是渠道为王的神话第一次被打破，淘宝、京东等电商的崛起，就已经说明了产品的重要性要远超于渠道。世界上的知名企业，几乎无一例外都是依靠自身的产品立于不败之地的。无论是专注于产品的苹果，还是擅长营销的微软，归根究底，它们的承购都是源自于产品，渠道只是一个销售通道。

古人云：酒香不怕巷子深。这句话曾经被后人改写为：酒香也怕巷子深，以此来强调渠道对于企业的重要性，但是互联网的出现已经让深巷不复存在。

2014 年，一个名为"叫个鸭子"的餐饮 O2O 品牌走红网络，其创始人曲博曾经是百度贴吧总吧主"du 熊"。2014 年年初，受到百度"刷脸吃饭"活动的启发，曲博和几个朋友计划做一件和外卖相关的事情，因为团队中恰巧有一位来自于白洋淀，多数人又为北京人，对烤鸭有着特殊的情感，于是就选定了白洋淀的鸭子作为原材料，将目光瞄向了北京烤鸭。

传统的北京烤鸭的吃法过于复杂，烤制出来的脆皮需要蘸白糖，鸭肉则需要卷饼、蘸酱，并不适合现代人的生活方式和习惯，当然更不适合外带，于是曲博就想要改进一下传统的北京烤鸭，让消费者可以随时随地享受到烤鸭的美味。曲博和他的团队花了两个月的时间，吃遍了全国的烤鸭，选出了几个人公认的好味道，以此作为参考。

最初，曲博只是在朋友圈子里进行了小范围的传播，但是得到了不错的反响，百度副总裁李明远更是直接对曲博说："先给你一些钱，不用签协议，这个方向不错，先干着"。

天图资本合伙人朱拥华的投资，就与产品的关系更大了。当时朱拥华正在另外一家创业公司考察，恰巧当天的外卖点的是"叫个鸭子"（图 5-1），朱拥华认为它从包装到宣传都很有意思，更重要的是产品本身味道不错，于是就主动联系了曲博，经过一番交谈，最终确立了投资意向。

目前，"叫个鸭子"的员工仅仅有 50 人，订单的主要来源则是微信，还有一些来自于微博和百度贴吧的私信，以及电话预订，在一些外卖平台上，也出现了"叫个鸭子"的身影。根据数据显示，2014 年 8 月，"叫个鸭子"微信公众号仅仅推出不到一个月，新订单就超过了 7500 单，回单率更是高达 60%。

图 5-1 "叫个鸭了"单飞套餐

"叫个鸭子"不论是产品本身还是营销宣传，在当今市场上都可谓独树一帜，从口味到个性，满足了消费者对品牌的几乎全部需求，就像"叫个鸭子"的企业口号所说的一样：满足你对鸭子的一切幻想。

除了人与人、人与企业之间的距离更加扁平化，互联网经济带来的另一个变化，就是随着用户对于个性化的强烈诉求，使产品越来越向个性化的方向转变。

坚果是广受消费者喜欢的一种食品，国内市场上也有着许多坚果品牌，果园老农、良品铺子等品牌也享有很高的美誉度。在这种情况下，三只松鼠想要在坚果市场拓展业务，还具有一定的阻力。即便是从电子商务作为切入点介入，2012 年的坚果电商市场也已经是一片红海了。

面对这一情况，三只松鼠的创始人章燎原决定从产品入手，选择了当时市场上芳踪难觅的碧根果。碧根果又被称为"长寿果"，有补肾健脑、润肌肤、乌须发等功能，是美国山核桃的果实。虽然也有一些地区有碧根果的流通，但是在面向大众的市场上，销售碧根果的店家十分稀少，即便不是一个空白的市场，也与市场饱和相去甚远。

为了能够打造出一款爆品，章燎原选择了原产自美国的碧根果，坚持"新鲜、天然、非过度加工"的原则，打造出了一款好吃、健康、不脏手的产品。正因如此，三只松鼠"够正宗、够便宜、够健康"的碧根果一经推出，就受到了市场的广泛欢迎，加上可爱的品牌名称和印有松鼠的独特包装，迅速吸引了大量食客（图5-2）。

图 5-2　三只松鼠碧根果

2012 年 8 月，上线仅 65 天的三只松鼠成功突围，一举夺得了天猫商城坚果行业销量第一的宝座；2013 年 1 月，在没有任何节日促动的情况下，三只松鼠单月业绩突破 2000 万元，正式跃居国内坚果行业全网第一；2014 年"双十一"，三只松鼠更是创下了 1.02 亿元的全球坚果销售纪录，其发展速度之快，创造了中国电子商务史上的一个奇迹。

在碧根果成功之后，章燎原并没有急于扩张产品种类，而是稳扎稳打，继续坚持碧根果的爆品战略，最终成为国内碧根果市场当之无愧的第一品牌。而碧根果为三只松鼠积累的口碑，也为日后推广其他产品打下了坚实的基础。

近年来，不论是传统零售巨头还是一些国产连锁品牌，都深陷关店潮中，不能自拔。传统百货行业所面临的残酷现实，一部分源于电商崛起所带来的压力，另一部分则来源于竞争产品的严重同质化。在渠道为王的十几年中，企业无须在产品上下功夫，也能够取得不错的成绩，但如今已经是产品为王的时代，如果不能够在产品上精雕细琢，就注定要被市场淘汰。

从以量取胜到以质夺优

在传统工业时代，企业可以通过粗放型发展不断扩大规模和市场，但在移动互联网时代，粗放型、铺大摊子的发展方式则完全失效。甚至可以坚定一点，在未来，用极致法则做产品的企业将活下来，而那些爱凑热闹的企业则会失去方向，甚至烟消云散。

这并非危言耸听，凡客跌跌撞撞的发展过程正好说明了这一点。

2007—2011 年是凡客迅速发展的几年，2011 年，凡客融资 2.3 亿美元，估值 50 亿美元。随着凡客的不断发展，总裁陈年的野心也越来越大：他将凡客的销售目标提升至 100 亿美元，甚至提出了希望收购 LV、使匡威的鞋子只卖 50 元。在凡客人数最多的时候，公司有 1300 多名员工，仅总裁级的领导就有三四十人。

在 2011 年夏天之前，凡客的现金流和用户重复购买率都没有问题，一些主打产品常常供不应求，为了达到销售额 100 亿美元的目标，凡客开始扩张品类，一时间，只做衬衫、西裤、羽绒服和帆布鞋的凡客，突然之间变成了一个大型百货市场。库存压力和产品质量问题接踵而至，忠实用户越来越少，销售额持续下降。

小米CEO雷军曾毫不客气地指出陈年的经营思路还停留在20世纪，尽管陈年并不服气，但不可否认的是他将凡客的所有衬衫都挂出来，却没有一件拿得出手。用雷军的话说，那是一个百货商店，而非致力于打造优秀衬衫的凡客。

经过反思之后，陈年决定从白衬衫着手，打造一款属于凡客的极致爆品，为此他亲自寻找供应商和工厂，还去拜访了日本有着30多年白衬衫设计经验的吉国武。尽管当下凡客依然说不上已经起死回生，但不可否认，凡客经历了低谷，开始反思、开始抛弃"爱凑热闹"的思想，这本来就是一种跨越。

虽然导致凡客最终没落的原因有很多，但毫无节制的品类扩张直接戳中了凡客的死穴。在《说文解字》中也有这样一段记载："鼯，五技鼠也，能飞不能过屋，能缘不能穷木，能游不能度谷，能穴不能掩身，能走不能先人。"

所谓"鼯"，也就是指鼯鼠，能够飞，但是飞不上屋顶；能够爬树，但是爬不到树梢；能够游泳，但是游不过水沟；能够挖洞，但是挖出的洞小到不足以藏身；能够奔跑，但是快不过人类。这样看来，集"飞、缘、游、穴、走"五技于一身的鼯鼠，虽然本领很多，但没有一样拿得出手的看家本领。

这个故事常常用来警示人们要专注，企业也是如此。样样通样样松，不如精于一道。生活中大家一定都遇到过这样的情景，一家餐厅的菜单无比丰富，恨不得古今中外无不囊括，不论是川菜、粤菜，还是东北菜、西北菜，应有尽有，只不过每一样都滋味平平，甚至不如街边不起眼的小饭馆。这也恰恰能够解释，为何只有12道菜品的雕爷牛腩，其效率是所在商场的餐厅中最高的。

四五年前，如果一个企业只谈如何做产品，而不关心如何制定战略，打造品牌，会被看作一家胸无大志的企业。而在今天，谈论战略已显得滑稽不堪。在垂直思维的影响下，企业的优势更在于专注。借用 UC 浏览器扉页的一句话："给的再多，不如懂我"，用户的目光更集中于质而非量，更享受精品所带来的极致的感受。

掌阅科技旗下的掌阅 iReader 创立于 2008 年，经过 7 年的成长，已经积累了将近 5 亿的用户，日活跃用户数也超过了 1500 万，成为当之无愧的全球最大的中文阅读 App。

在过去的几年中，掌阅科技十分注重平台的内容数量，不惜将企业 70% 以上的资源都用来增加内容的积累，为了给掌阅 iReader 带来更多的线上流量支持，掌阅科技还战略投资了原创文学网站红薯网，就是为了能尽可能多地给用户带来丰富的内容。

然而，随着网络文学的进一步崛起，各种文学网站相继问世，面对强大的竞争压力，掌阅科技总裁张凌云意识到，内容的多寡已经不再是取胜的关键了，在用户拥有更多选择的前提下，参差不齐的内容资源不仅不会带来预期的流量，还会严重影响整个平台的质量和形象。

于是，掌阅 iReader 决定抛弃以往追求数量的做法，开始精兵简政，以质取胜。2015 年 4 月，掌阅成立了"掌阅文学"，并宣布未来 3 年内将至少投入 10 亿元人民币打造精品原创内容。

专攻精品原创内容的掌阅文学一经推出，便立刻得到了广大网络文学爱好者的支持，短短 3 个月的时间里，掌阅 iReader 的用户数量便暴增了 5%，这也使得掌阅 iReader 在整个移动阅读 App 市场的占有额提升到了 40% 左右，堪称坐拥半壁江山。张凌云感叹说："求量的时代已经过去了。掌阅必须做出自己的精品，保持多年来积累的市场优势。"

2015 年，掌阅邀请到汪涵为其代言，也是因为汪涵的形象与掌阅精品策略颇为符合。同时，与过去相比，掌阅 iReader 的宣传也从注重资源的"多"和"广"，转移到了"最"和"精"上（图 5-3）。

图 5-3　掌阅 iReader 宣传海报对比

冯梦龙在《东周列国志》中曾说过："兵贵于精，不贵于多。"产品也是一样，与其铺天盖地都是些粗制滥造的产品，不如打造出一款独领风骚的精品。毕竟互联网无第二，只有第一才能给用户留下最为深刻的印象。

苹果的 iPhone 系列手机一直保持每年推出一款的节奏，在手机行业这个发布节奏很慢，但是这个节奏使得苹果研发团队有足够的时间打造出一款极致的产品，因此苹果的每一款手机都以极大的震撼力和冲击力登场，同时在下一年中成为手机产品中的领头羊。

相比之下，三星则因为无法从早期的机海战术中脱身，被苹果以及中国的小米、华为联手夹击。2014 年 11 月 18 日，媒体引述三星高管表态报道称，从2015年开始，三星电子将会削减近三成的智能手机机型，从而削减成本，改善业绩。

从表面上来看，削减机型的数量确实有助于降低三星的成本，改变多个季度利润下滑的窘境，但这一举动的更大目的是改善三星在智能手机市场竞争中所面临的尴尬格局。

三星的机海战术，是早些年手机行业惯用的战术之一，对此业内的诟病也早已有之。许多人认为，三星电子创新不足，它们只是向市场扔出一大把智能手机，然后看哪一款能够热销。如今，面对来自苹果、华为、小米等品牌的竞争压力，三星终于开始清理产品线，意图将了机型号减少三成。

美国财经科技网站 BusinessInsider 指出，三星所面临的这场战斗已经近在咫尺，其市场份额正在消失，如果三星不进行产品聚焦，就会和 HTC、LG 等一样，渐渐沦为一家二流厂商，这些公司即便是能造出一流的手机，也没有多少人在乎。

我们说苹果的每一款产品都是旗舰机型，每个人都能够对其如数家珍。但是想到三星，我们知道其生产了大量的手机，但是要说出一款旗舰产品却十分困难，原因在于三星每款机器都成了机海战术中的一员，根本无旗舰之说，品牌美誉度自然也随之下降。

与摊煎饼一样，将饼摊得太大，就难免会有破洞出现。一个企业的资源毕竟是有限的，尤其是对于创业企业而言更是如此，这时与其生产多而滥的产品，不如像苹果一样打造出一款能够颠覆市场、引爆销售的精品。

再多的蚂蚁也难以撼动大树，因此，当企业能够保证每一款推向市场的产品都是高质量、超体验的精品时，再来讨论数量的多寡也为时不晚。

匹配需求是爆品的成功法门

既然高质量的产品是企业生存的根本所在，那么什么样的产品才能够称得上是好产品呢？

有这样一个故事，一个男孩子和一个女孩子谈恋爱，这个男孩子每天都把自己爱吃的苹果让给女孩子，但是女孩子依旧觉得男孩子对她不够好，因为女孩子并不爱吃苹果，而是爱吃梨。

类似这样的事经常发生在用户与产品经理之间。产品经理练就十八般武艺，使出九牛二虎之力，恨不得把世界上一切美好的东西都赋予产品，但用户的反馈始终不尽理想，就是因为产品没能够与用户的需求相匹配。

用户需求对企业发展的重要性无须多说，但是用户只会表达自己的不满和愿望，这种不满与愿望是多种多样的。对于企业来说，只有通过用户的不满和抱怨分析出背后的核心需求，才能打造出真正的爆品。

以小龙虾为例，顾客喜欢在夏天的傍晚喝着啤酒吃小龙虾，有些顾客可能会认为小龙虾不卫生，对身体有害，于是商家就抓住了这一点，花大价钱和大精力去寻找生长环境十分干净的小龙虾，并以此作为核心卖点，但是原本抱怨小龙虾不卫生的用户并不买账。

为什么？对于消费小龙虾的顾客来说，麻辣好吃才是最重要的需求，只要味道好，即便小龙虾不那么干净，也一样有顾客光顾。相反，即便小龙虾特别干净，味道不好也无济于事。

因此，想要打造爆品，就必须实现与用户需求的成功匹配，如此才能赢得市场。一般来说，企业和创业者在寻找用户的核心需求时，往往会遇到很多迷惑性因素。

首先，一定要找到用户的核心需求而不是一些其他需求。这些其他需求往往没有认真研究用户的行为，没有进行认真的分析，而是从自身的角度出发，自己认为解决了这种需求会引爆市场。就如同上面案例中的小龙虾，需求无关痛痒就不能完全赢得用户。

其次，创业者或者企业的产品团队没有把握好用户的核心需求，进而导致对产品的定位和核心种子用户的把握存在偏差，没有打造出产品的核心种子用户，或者一味地贪多求全，没有找到产品的核心突破点。

最后，在寻找核心痛点时，没有从用户的立场和角度出发，而是一味地利用专家的观点，站在自己的角度思考。要知道，企业的产品最终是要面向用户的，站在用户的角度感同身受地寻找用户痛点，才可切合实际地解决用户问题，满足用户的需求。

人人车的创始人李健是一个汽车爱好者，他回忆自己在二手车市场上的交易经历时，用了"特别糟糕"4个字：开着车过去，被收车的人拦着不让走；去看车的时候又没有人理会，甚至连车都不让摸。

为什么这么乱？他总结了两个关键点：一个是做好人的成本太高了，谎报使用年限和行驶里程的二手车主可以让自己的车卖得更好，而不撒谎可能车就卖不出去；另一个原因在于二手车交易市场的行业价值很小，一辆车经过某一个经销商倒手最终传递给消费者，这个过程中，车没有发生任何变化，但是价格增加不少，平台的价值就在于一手信息的倒卖。

对于二手车交易平台——人人车来说，如何重建诚信机制是维护供求关系，吸引客户的重要过程，人人车将服务过程分为3个阶段：第一个阶段叫收车；第二个阶段是卖车；第三个阶段是售后。

在收车环节，人人车会派一个评估师上门到车主家里或者工作的地方去检测车，确保车没有问题，把里面所有可能有隐患和有破损的地方展现出来，这是第一步。第二步则找到相应感兴趣的买家，由销售人员带着买家到卖家的面前看车，这样在人人车的促成下，三方共同完成交易，过户后就进入到售后环节。

在这个过程中，买卖双方直接交易，卖方把钱直接打给车主，而人人车的服务费是车价的 3%，增值服务包括一年两万公里的质保，14 天退车的承诺，以及在整个联盟体系中七折的维修保养等。

人人车牢牢抓住了二手车买卖的需求，对卖家做到估值精确，对买家做到售后保障，将原本存在于二手车交易中由于不诚信而造成的问题一一解决，因此能够受到消费者的一致欢迎。

如今的经济形势之下，线上线下相互融合的趋势愈发明显，不仅各大创业者屡出奇招，传统企业为了跟上时代的步伐，也八仙过海各显神通，推进自身与互联网深度融合的进程。但是不少企业在进行融合的过程当中，仅仅是将线下的思维整体搬到线上，使互联网产品流于形式，名存实亡。

不能够与用户的需求相匹配，自然也达不到想要的效果。而因为充分考虑了用户的需求，老牌餐饮企业星巴克的互联网化道路，走得顺畅许多。IT 界名人李开复便曾评价星巴克说："大多数企业微博和 App 的通病就是把传统世界的一切做个大搬家，而完全忽视了用户的需要，星巴克则不同，它是以用户需求为主角的，让商业诉求扮演配角。所以它才能如此成功。"

2009 年，星巴克正式推出了第一款客户端 "My Starbucks"，通过这款 App，用户可以很方便地查询到附近的星巴克店铺及营业时间，在该 App 中还有对于星巴克以及店中菜单和饮品的详细介绍，充分节省了用户寻找店铺和点单的时间，也为从未去过星巴克的用户免去了点餐时可能遇到的尴尬，很好地满足了工作节奏和生活节奏都很快的白领阶层的需求。

2011 年，星巴克根据用户的需求，又在 App 中加入了移动支付的功能，全球 9000 多家星巴克店铺支持扫描条形码进行支付。该项功能推出后，在半年的时间内交易数量就达 6000 万笔，平均每周通过手机支付的订单超过了 100 万笔。

2011 年 4 月，为了适应用户随时随地订餐的需求，星巴克又创造性地推出了 Mobile Pour 服务。用户走在路上突然想要喝咖啡，只要打开 App，允许星巴克获取地理位置，并点好想要的咖啡，然后继续往前走，星巴克的服务人员就会在最短的时间里将咖啡送到用户的面前。此外，在 2012 年，星巴克还在其 App 中添加了一款别具匠心的闹铃——Early Bird，用享受打折咖啡的优惠诱惑消费者战胜拖延症，按时起床，改善生活质量。

作为全球最大的咖啡连锁品牌，从来不打广告的星巴克能够在近 20 年间一跃成为世界级的巨型连锁咖啡集团，其成功归功于永远忠诚于用户的基本需求。而对于当下的创业者而言，做到以下 3 点，找到用户的本质需求，实现爆品与用户需求的准确对接，同样意味着成功已经近在咫尺。

第一，产品要有分量，要做"足"。

一个被饿了 3 天的乞丐闯进一家五星级的西餐厅，餐厅里最好的大厨花费两个小时为他煮了一杯价值 100 美元的咖啡，乞丐会感动得声泪俱下吗？显然不会，因为咖啡是不能充饥的。

所以说，做爆品一定不能做得太"薄"，太"薄"就容易被其他产品所取代。或许你能在 3 分钟之内罗列出一堆无法将爆品做完美的理由，但用户永远不会关心这些，他们在你这里"吃不饱"，没关系，只要换个"餐厅"就好了，而你，损失的则是切实的利益。

第二，不要吝惜在"核心动线"上的投入。

以当下 70% 以上互联网巨头都在研发的智能手机为例，将手机赋予更多遥控、定位、切入等功能确实极大地方便了人们的生活，但如果因此而失去了最基本的通话功能，人们还会需要手机吗？

打造爆品，切记不可在核心动线上节省成本，否则，产品的附加值再高，也无法留住用户，甚至会逼走用户。因为在产品核心处降低成本，也就意味着，产品很可能无法满足用户的核心需求，解决用户的最大痛点。

第三，要有特性，博取用户的更多好感。

一个微服出巡的国王，在途经一个餐厅的时候略微有一丝饥饿感，于是决定到餐厅里用餐。餐厅的出餐速度很快，分量也很足，但是牛排没有一点调味料，面包又冷又硬，饮料也只有清水。虽然国王勉强吃下食物解决了温饱的问题，但是绝对不会再度光顾这家餐厅。

这就是懂得坚持第二条原则的创业者很容易犯的一个错误，即在深耕用户核心需求，以此打造爆品的同时，忽略了用户的其他需求。只有在满足用户核心需求的基础上，依然能够满足用户更多的想象，才能博得用户更多的好感。

极致思维成就极致爆品

匹配用户需求，是爆品成功的第一步，但是能够抓住需求的产品有很多，能成为爆品的却寥寥无几。因为用户在使用产品前，会对产品有一个内心的预期，能够满足需求只能说刚好达标，产品能够超出用户预期的程度，才决定着用户对产品的喜好程度。

换句话说，当创业者选择了一款产品，根据用户需求做出了精准的产品定位和市场定位之后，也仅仅只是拿到了总决赛的入场资格而已，最终谁能够战胜同类企业，从众多的参赛者中脱颖而出，还需要把产品做到极致。当你的产品近乎完美的时候，就不会被市场所淘汰。

说到极致，就不得不提起小米。"专注、极致、口碑、快"是雷军提出的互联网七字诀，其中对于"极致"的践行，小米也做到了极致。除红米系列之外，几乎每一款小米手机，都是戴着"顶配"的光环诞生的。不仅配置绝佳，价格也是十分极致的。不过小米对于极致的追求并不仅仅局限于手机本身，更是深入到了每一个细节。

很多人都有找壁纸的经历，可能并不认为找一张好看的壁纸是一件多么困难的事情。然而就是这样一件在很多人眼中再简单不过的小事，在雷军眼中也要做到极致。在一次"米粉"节上，雷军用了大概一个半小时的时间，向大家介绍小米的 MIUI 系统，并透露，为了给 MIUI 找到合适的壁纸，小米团队看了近 100 万张照片，甚至还开发了专门用来挑选壁纸的软件。

用户在为自己的手机挑选壁纸的时候，更多的是从个人偏好的角度出发的。而小米团队对壁纸的要求则更细致。做锁屏时要好看，做壁纸时要跟图标不违和，除此之外还要有意义、有细节，要让 90% 的人喜欢，而剩下的 10% 也不反感。按照这个标准来看，选壁纸无疑是一个相当浩大的工程。雷军举例说："不信大家把自己的 iPhone 打开看一看，能用的就那张水波纹，其他都不可以；把 Windows 打开，除星空之外，别的都不能用。"

于是，2012 年 7 月，小米团队发起了一个活动，以 10 万元人民币发动广大群众为小米征集壁纸，一张图 10000 元。小米团队从征集到的 45000 张十分精美的图片中精挑细选出了 10 张，可依旧没有达到雷军的要求。为了找到最好的壁纸，雷军不得不强迫小米所有的设计师去画壁纸，在 8 个月的时间里，雷军几乎把所有的设计师都逼疯了。最后，设计师们画出 5 张堪称完美的壁纸。

尽管如此，雷军依旧觉得壁纸还有提升的空间，正所谓高手在民间，雷军再度加大马力征集壁纸，并承诺小米愿意 100 万元人民币购买比这 5 张壁纸更好的图片。

不止小米的壁纸"命途多舛"，其发布会的演示文稿、活动现场和商品的海报，每一样的设计都"一波三折"，小米手机包装盒的诞生也充满了"坎坷"。整个设计团队历时 6 个月，经过 30 多版结构修改，做了一万多个样品，才最终有了这么一款精致的包装盒（图 5-4）。

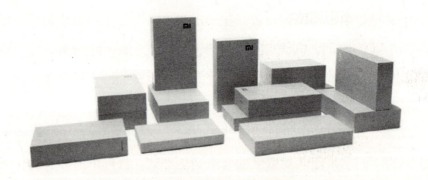

图 5-4　小米产品包装盒

小米的每一款产品都是用这样的极致思维打造出来的，因此能够受到用户的欢迎也不足为奇。无论是创业者还是企业，想要让产品受到用户的欢迎，成为市场的宠儿，都需要这样的极致思维。正如马云常说的："企业做大没有什么秘诀，按照客户需要把产品做到极致，就是亘古不变的商海真谛。"

2015 年可以说是医药 O2O 的元年，在这一年当中，叮当快药的表现可以说十分抢眼。尤其是在资本寒冬一再被提及的情况下，叮当快药凭借"双十一"1167 万元的销售额和 8.7 万订单的成绩，显露出了领跑互联网医药的姿态。

对于很多人来说，都有过半夜买药的痛苦经历，虽然有当下不少药店都推出了夜间售药的服务，但具体的服务质量还有待商榷。能有人送药上门，成为了一个十足的痛点，叮当快药就是为了解决这个痛点而诞生的。

用户在通过叮当快药 App 下单后，会有职业药剂师提供安全的用药指引，同时专业配送人员会实现 28 分钟内免费送货上门（图 5-5）。之前有医药类 O2O 提出了"1 小时送达"的口号，而叮当快药在根据每个网点所能辐射的最远距离和周边的实际路况规划了精准而科学的配送范围的基础上，又通过每次超过 150 单的不间断空跑测试和大量实战测试，最终将时间确定在了 28 分钟。目前，叮当快药的准时到达率已经从最初的 83%，提升到了 97%。叮当快药也从最初的"叮当送药"，更名为了更加符合产品特色的"叮当快药"。

图 5-5 叮当快药 28 分钟到家

除"快"之外，为了保证消费者整个服务流程中能够得到极致的体验，叮当快药还将 28 分钟内的每个环节都逐一分解，力求在每一个环节都达到极致。从订单生成到最终送达客户手中，包括分拣、打包、取货配送在内的每一个环节都有十分严格的数据跟进和考核。未来，叮当快药还希望将每一位上门服务人员打造成为执业药师，为用户提供更加专业化的服务。

截至 2015 年 6 月 5 日，叮当快药已经实现了北京、广州、杭州及成都四大城市的全面覆盖。作为第一家实现从北京向外埠扩展的医药类 O2O 平台，叮当快药只花了 10 天的时间，就实现了广州、杭州、成都 3 座城市的全面覆盖。目前，叮当快药的用户数量已正式突破 500 万，日订单量已经超过 4 万。

28 分钟到家的速度无人能及，因此在不到一年的时间当中叮当快药所取得的成绩，也让其他商家望尘莫及。企业想要成功，少不了爆品思维，而想要打造成功的爆品，就必须要让自己的产品比其他任何竞争者都能够满足用户的需要，超出用户的预期，形成一种极致思维。

企业在创业阶段或者规模不大的时候，一定要坚持用极致思维做产品，坚持专业化，集中所有的精力和资源去做好一款产品、一个垂直化的目标市场或者一种服务，只有这样，才能打造出让用户尖叫的产品，从而引爆销售端，在市场上立足，并赢得市场的份额和认可。

大朴网创立于 2012 年，是一家以无甲醛、纯棉为定位的家纺电商企业。创始人王治全发现，几乎所有的家纺厂商，都存在利润虚高、效率低下的问题。因此，王治全对大朴网提出了走高性价比路线的要求。用王治全的话说："产品性价比不高基本没有出路。只有让 100 元产品能达到市场上 300 元产品的品质，它才具备成为爆款的潜质。"

为了能够打造出性价比最高的极致爆品，王治全进行了很多的尝试。最初，大朴网的商品有 300 根、400 根和 600 根 3 种规格。这里所说的根数，是指亿平方英寸里经纱和纬纱的数量之和，决定着床品手感的细腻程度和品质。但经过一段时间的销售以后，王治全发现消费者对于300根产品并没有表现出很大的热情，而同时期市场上的产品大多是200根左右的。于是，经过反复的摸索，大朴网最终将产品确定为240根，实验证明，这是松紧度最佳的状态。

2014年"双十一"当天，240根床品单品SPU卖出了5000多套。凭借着爆品策略，3年来，大朴网销售额破亿元，90天顾客回购率高达57%，远远领先于同行业竞争者。

由此可见，在互联网时代，产品的信息逐渐透明化的形势下，只有质量、功能、价格均做到极致的产品才能够引爆销售，获得指数级的增长。因此创业者想要通过爆品让品牌和企业在市场上站稳脚跟，就必须要不断地追求极致。

在理念上敢于"毁三观"

伴随着互联网经济的兴起，有两个词汇渐渐成为了企业人和创业者常常挂在最边上的"口头禅"，一个是跨界，另一个则是颠覆。做电商起家的阿里巴巴开始拍电影、支机票，做搜索引擎百度开始租车、送外卖，这是跨界；雷军创立小米令智能手机领域天翻地覆，滴滴快的的出现让出租车行业提心吊胆，这就是颠覆。如果把颠覆换成一个更加互联网化的词语，就叫作"毁三观"。

这里所说的三观，不仅仅是指世界观、人生观、价值观，更多的是指人们对生活中一些事物的常识性认识或固有思维。例如，在《黑天鹅》一书中所讲述的"黑天鹅理论":17世纪中叶以前,欧洲人普遍认为天鹅都是白色的,还用"黑天鹅"代指不可能发生的事情,然而在发现了澳洲并亲眼见到黑天鹅之后,欧洲人的这一信念轰然崩塌。因此,这种不可预测、非同寻常的事件,也被学界称为"黑天鹅事件"。

通常情况下,颠覆大多数人的常规认识在最初都是不被行业所认同的,但在颠覆思维空前浓烈的互联网时代,有时恰恰是"毁三观"的产品,才能够让用户尖叫。

2010年以前,杀毒软件行业还正处在收费模式的时代,瑞星、金山等一大批国内外的杀毒软件还在通过比拼谁能够通过最低的价格提供最优质的服务时,周鸿祎带着他的360杀毒在2009年10月突然高调宣布永久免费(图5-6)。从此打破了国内杀毒软件的收费模式,带来了整个杀毒行业的洗牌和重组。

图5-6　360杀毒永久免费

这个消息一经发布,迅速惹得市场议论纷纷,有传统杀毒软件的老板半夜给周鸿祎打电话,质问他是否要与全行业为敌,还有人发文章抨击免费杀毒是一个骗局,说周鸿祎是个骗子,说奇虎360是盗卖用户资料的企业。

不仅同行们对周鸿祎的行为充满费解,用户也对这个突然宣布免费的360杀毒软件充满了质疑:免费的东西效果能好吗?企业赚不到钱,怎么还会用心提供好服务?

对于这些抨击和质疑，周鸿祎也没有更好的解决办法，但事实胜于雄辩，免费的 360 杀毒软件不仅在性能上丝毫不弱于其他同类的收费软件，更是将各种延伸功能完善得淋漓尽致。最终，广大用户在度过最初的迟疑期之后，大多纷纷装上了这款颠覆性的杀毒软件。

凭借着免费带来的庞大装机量，以及优质产品体验带来的好口碑，360 杀毒软件赢得了大众的广泛认可，因此非但没有像其他人说的一样没钱赚，反而吸引了大量企业用户，邀请奇虎 360 帮助其进行网站安全的维护或软件开发，甚至与其寻求广告合作，使奇虎 360 获得了更多的赚钱机会。如今，奇虎 360 已经成为市值百亿美元级别的巨头了。

由此可见，360 杀毒软件虽然是免费的，但实际上名利双收，既赢得了用户的支持和信赖，又赚到了钱。这种"毁三观"的事，相信每个企业领导者都希望多做一些。

当然，颠覆性的创新在最初从来都不是主流的，往往来源于行业巨头看不上，甚至看不起的地方，这也正是边缘企业、创业企业的机遇。

想要颠覆对手，让产品成为爆品取而代之，企业就必须先从思想和理念上实现颠覆。否则就只能跟在大企业后面"吃尾气"，难以实现弯道超车。马云常说，要换个角度看世界。有时候，换一种思考方式，从对手看不到想不到的地方入手，颠覆常规，能起到意想不到的效果。

1999 年，在以 B2B 起家的阿里巴巴创立的同时，邵亦波与谭海音也在上海成立了主营 C2C 业务的电子商务网站易趣网。2002 年，易趣网与当时全球最大的电子商务网站 eBay 结盟，更名为 eBay 易趣，开始迅猛发展，到 2003 年 eBay 以 1.5 亿美元全资控股易趣时，eBay 易趣已经占领了国内 90% 的市场份额。

为了防止 eBay 易趣从 C2C 领域进攻 B2B，阿里巴巴决定先发制人，创立淘宝网直指 C2C 业务。虽然是阿里巴巴率先对 eBay 易趣发起了挑战，但是在如此明显的实力对比之下，淘宝是不可能，也不会正面挑战 eBay 易趣的，因此，马云选择了一个颠覆性的战术。

当时，国内的电子商务几乎全部是为企业服务的，即便是服务与个人的电商网站，也有非常高的门槛，小微企业和个人经营者想要进入电商市场，几乎没有任何存活机会。因此，马云提出"不去和人抢生意，而是去做别人看不上的生意"，将淘宝定义为服务于小微企业以及个体经营户的网上交易平台，任何人都能够在淘宝上做老板。

当时的 eBay 易趣眼中只有大型客户，完全没有将小微企业和服务小微企业的阿里巴巴放在眼中，这是 eBay 易趣犯下的第一个错误，而这个错误与后来的"淘宝免费而 eBay 易趣收费"的错误结合在一起，则恰恰成为了 eBay 易趣沉舟中国的两大重要原因。

2003 年 eBay 易趣风头正盛，淘宝刚刚上线时，eBay 易趣的市场占有率高达 90%。而 2006 年，eBay 易趣与淘宝网的市场占有额差距是 24 倍，不同的是，这一次占据优势的是淘宝。凭借着马云的颠覆性战略，阿里巴巴完美地赢得了与 eBay 易趣的 4 年大战。

在阿里巴巴创立早期，马云坚持不做咨询和门户网站，也是同样的道理。他说："做门户雅虎是最强的，做咨询新浪是最强的，与它们雷同，就是找死。与这样两个强大的对手相逢于狭路，我们应该倒立着思考，所以，阿里巴巴要做电子商务。"

当下，越来越多的产品能够巧妙地标新立异，获得成功，依赖的都是"毁三观"战略。例如，在电视综艺节目中，《爸爸去哪儿》通过揭露明星老爸与孩子的成长互动来吸引观众；《奔跑吧兄弟》依靠明星放下光环，完成各种"毁造型"的任务来抓住观众眼球；《中国好声音》则是以"学生选老师"颠覆了以往的"老师选学生"的卖点而一炮走红。

这些成功的案例无不在启示着我们，在互联网时代做产品，尤其是做 O2O 产品，同样要学会以科学的方式颠覆用户的传统思维，不仅是打破常规的认识，还要去挑战人们的猎奇底线，用独到的创新黏住用户。

你可能听说过"e 代驾"，那你听说过"e 代喝"吗？

名为"美人 e 代喝"的 App，是一款真正的 P2P 的 O2O 产品，也是一款完美解决了应用双方市场刚性需求的 App。

在现代商业社会中，许多商业人士不得不面对大量的应酬和洽谈，因此，为事业牺牲肠胃，喝得酩酊大醉在所难免。而对许多渴望机会的"北漂"美女而言，却苦于"无酒可喝，无局可赴"。

有了毫无使用门槛的美人 e 代喝，用户随时都可以通过查看该美女的酒量介绍、酒令水平、照片等信息来做出邀约选择，在饭局上，由这些美女来"遮风挡雨"。而负责"挡酒"的美女们则可以通过这些酒局，拓展人脉，赢得更多机会。

如今市场上的产品当真是五花八门，面对青年男女每每回家过节就遭到七大姑八大姨"逼婚"的痛点，2015 年春节前夕，一款名为"e 代嫁"的 App 上线了，并迅速获得了 2 亿元人民币的巨额估值。

在这款估值 2 亿元的手机 App 上，即将在春节假期回家面对父母"逼婚"的单身青年们只需轻轻一点，便可以搜索到附近"待字闺中"的帅哥美女，还可以根据这些俊男靓女的代嫁次数、经验值、父母满意度等，选择适合自己的"代嫁员"。有了"代嫁员"陪你回家过年，或是在电话中、在视频中扮演恋人角色，用户便可以高枕无忧地回家享受清静的假期。

虽然这些项目和产品听起来有些"不像话""不靠谱"，可能有些也只是昙花一现，但不可否认的是，这些颠覆三观的产品是有着广阔市场的。所以，在这里我们只需要看到颠覆式创新所带来的巨大市场潜力就够了。

在产品设计上坚持做减法

随着生活节奏的加快和时间的碎片化，我们所能够获取到的信息，也呈现出越来越碎片化的趋势。最明显的变化，就是大约 10 年前风靡网络的博客，现下已难觅踪影，但内容限定在 140 字的微博，成为了人们日常生活中必不可少的一分子。

如今，我们每天都能够十分快速地获得海量信息：百度搜索能够呈现大量的搜索结果，淘宝网上同类店铺和商品五花八门，但是在这些海量信息面前，我们往往不能够迅速地从中甄别出自己想要的信息。

在 2000 年，哥伦比亚大学和斯坦福大学的两位教授合作进行了著名的果酱实验。在实验中，工作人员设置了两个果酱试吃摊位，其中一个的果酱只有 6 种口味，而另一个摊位的果酱却有 24 种口味。实验结果显示，经过 24 种口味果酱摊的顾客，有 60% 都会停下来试吃，而 6 种口味的果酱摊只有 40%，但在所有停下来的顾客中，24 种口味的果酱摊只有 3% 的人做出了购买决定，但 6 种口味的果酱摊却有 30% 之高。由此可见，虽然人们希望有更多选择的余地，但是在真正决定购买的时候，过多的选择是一种障碍，往往会令人游移不定。

马云有一篇十分著名的演讲，叫作《懒人改变世界》，其实从某种程度上而言，科技与互联网的发展史，乃至整个人类的发展史，都是将产品变得更加易于操作，减少用户在选择和思考上的时间和精力，不断优化用户体验的过程，因为追求简单、简洁，懒于选择是人类的本性。

很多时候，我们浪费在选择过程中的时间和精力，往往从一定程度上抵消掉了最优选择的价值，使得用户体验大打折扣。移动互联网时代的来临，使各种产品应用的场景、时间和设备本身的屏幕尺寸都受到了限制，这就更加要求产品简约简约再简约。

在这方面，58 同城（图 5-7）是一个反向的例子，什么都做，但是用户至今不知道其核心功能是哪个。有招聘业务，但似乎猎聘、智联、前程无忧等更加专业，并且当下还出现了专门进行互联网行业招聘的拉勾网；有租房业务，但更加专业的是安居客等专业租房网站。一旦各个垂直领域内都出现了让人惊艳的产品和服务体验后，58 同城这个品类丰富的平台也将逐步被蚕食和稀释。

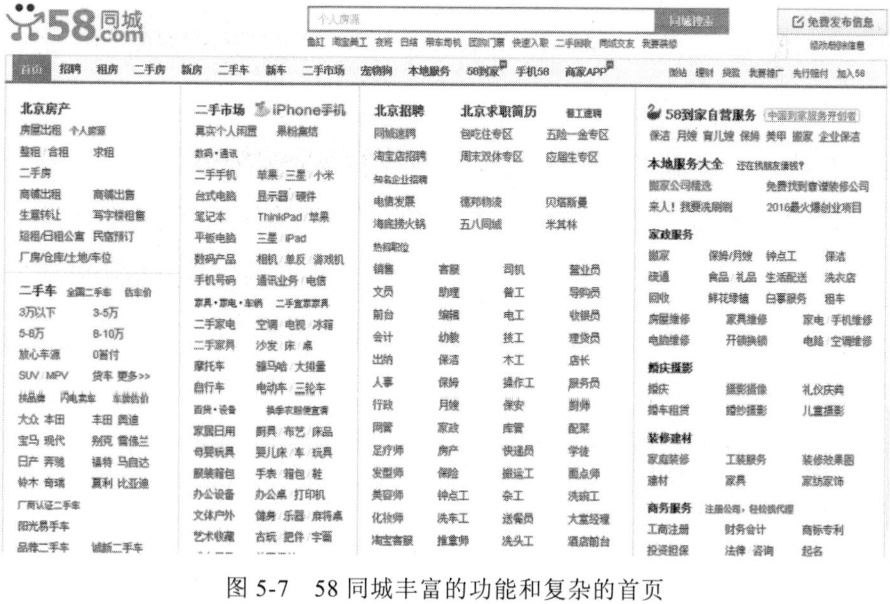

图 5-7　58 同城丰富的功能和复杂的首页

对此，58 同城副总裁陈晓华不无忧虑地坦言："58 同城之所以进入 O2O，首要原因就是看到了威胁。这威胁不是来自打了十来年仗的老对手们，而是来自从边缘品类挤进来的创业者们。58 同城有很多品类，突然某一天你就会发现在其中一个不起眼的品类中，起来了一个估值百亿美元的公司。58 同城的租车还是以 80%～90% 的速度增长，但市场份额从原来的 60%～70% 减少到了 1% 左右。这对 58 同城是很大的威胁，但也让 58 同城看到了机会。"

苹果公司也曾面临同样的窘境。1997 年，濒临破产的苹果公司重新迎回乔布斯作为掌舵人，定下了以"一般消费者""专业人士"为用户对象，以桌面设备和便携设备为中心的极简发展思路，坚持少即是多的理念，砍掉了苹果 70% 的产品。

在这一思路的指引下，苹果公司的研发人员开始集中精力研发出 4 款产品，这 4 款产品一上市就赢得用户的认可，濒临破产的苹果起死回生。紧接着，苹果开始研发移动设备，做出了 iPhone 和 iPad，目前借助这两款产品和苹果的笔记本电脑，苹果成为全世界最赚钱的企业之一。

鲜活的事实和案例告诉我们，做减法可以让业务和产品更加聚焦，企业更加专注和专业，这种模式更加符合移动互联网时代的用户需求。当然，对于创业中的互联网公司来说，区分核心业务和非核心业务并不是一件简单的事情，但是企业只有把握住核心业务，才能实现发展。互联网产品不应该追求大而全，而应该对边缘产品做减法，抓住核心的痛点或价值点，针对性地做出定位明确、简约好用的产品，这样才可打动用户。

简约的产品为什么能够快速打动用户呢？原因在于简约的产品一方面能够快速满足用户的人性化需求，另一方面可以让用户把握产品的本质。由此可见，简约的目的不仅仅在于产品的界面设计上给用户一种耳目一新和深刻的感觉，还要让用户能够迅速认识到产品的本质，获得对产品最为直观的印象。

尽管越来越多的企业，特别是互联网企业开始强调简约之美，但是很少有人能够把握住简约产品的真正内涵。简约的产品的根本内涵在于：页面一目了然、少即是多，但是产品的核心功能通过简洁的界面能够凸显出来，做到简约而不简单。

微信推出的"摇一摇"功能相信大家都不陌生，摇一摇的界面十分简约，没有任何的菜单和按钮，也没有其他的入口，只在灰色的页面中间设计了一个小手拿着手机，手机表现出震动的样子，这个图标和说明足够简单，只需要用户握着自己的手机摇两下就可以实现加朋友，这样简约的设计无论老人还是小孩都可以轻松掌握。

目前市面上比较受欢迎的几款 App 中，腾讯 QQ 的页面主基调为天蓝色和白色，不加设置的对话框的底板是白色，对话框为天蓝色，看着十分和谐；淘宝的主基调为橙色；微信为绿色加白色。总之，这些深受欢迎的 App 并没有将页面设计得十分复杂，仅仅通过简单的色彩搭配就能够以一种简约的风格赢得用户好感。

当然，在页面简洁的同时，产品的特征和风格还需要比较明显地凸显出来。也就是说，一款产品的页面无论设计得有多简单，都不能减弱产品的特性，必须高度聚焦以突出产品的特色，或者说前面提到的标签，唯有如此，产品才更容易被识别和打动人心。不仅是外观设计要遵循这样的规律，功能设计也是如此。

每天有 800 万独立访客，支持 35 种语言，日收入 10 万美元的社交化购物网站 Fancy，在 2012 年年初亮相的时候，看起来非常类似于社交媒体网站 Pinterest。用户可以将各种物品的照片钉在电子照片板上，供其他人点击购买。Fancy 因而被称为"购物版 Pinterest"。

　　该网站的设计，以大幅图片为主，极少的文字也被淡化处理，通过色调统一的精美图片引导构建情境化的销售张力（图 5-8）。与众多电子商务网站不同的是，精致简约的界面风格正好迎合了一小撮具有较高生活品位，并且追求生活质感的人群的购买需求。

图 5-18　Fancy 登录界面

　　该公司 CEO 约瑟夫·埃因霍恩表示：Fancy 收入多少并不是新鲜事，新鲜的是 Fancy 发展的方式。在短期内，Fancy 的首要任务是将其无缝购物体验尽可能多地带给美国以外的人士。他说："美国以外的人士没有获得足够的服务。不管在什么地方，只要年轻人们有手机，就会有一站式购物的需求。似乎没有人能够为他们提供这样的服务，所以我们将要这样做。"

　　在国内，麦糖网、果库等电子商务网站也构建出了类似的风格定位，在纷繁的电子商务领域从容做自己。

　　此外，一款简约的移动互联网产品应该具有生命力，它会随着用户需求的变化不断地进行完善和调整，不断去满足用户的需求。例如，

QQ 和微信尽管不断升级，功能也越来越多，但是其简约、好用的本质
并没有发生变化。

总之，在产品设计上做减法，是移动互联网时代优秀产品的重要
特征，它在满足用户需求的同时，能够以一种简单的方式呈现出来，
给用户最佳的用户体验。因此，互联网产品研发人员必须抛弃传统的
专家思维，转向用户思维，为用户设计最简单的产品才是商业竞争的
本质。

第6章

深度连接
——实现线上线下的深度连接

从运营的角度而言,线上线下的真正结合才是互联网时代产品营销的关键。只有当线上线下实现深度连接,并且在连接中解决从陌生到信任的瓶颈,构建连接场景,接入客户习惯,完善支付闭环,才算最终完成了商业模式的闭环。

互联时代，生意就是连接

互联网时代，什么最值钱？这个问题抛出去，答案可能不尽相同，但如果把问题换成"互联网+"，那么我可以毫不犹豫地告诉你，是连接。

互联网发展经历了 3 个阶段：通信时代、电商时代，以及实体时代。

在通信时代，互联网颠覆了传统的数字化信息传播，从门户到社交，从音乐到视频，各种基础服务逐一跃然网上，互联网从业者们，一边高举着免费的大旗跑马圈地，另一边通过增值服务赚钱，以保证自己拥有持久的战斗力。但即便如此还是入不敷出，苟延残喘。

于是，人们的目光开始转移，既然线上赔本赚了吆喝，那就去找需要吆喝的人搭伙赚钱，自此线上的流量开始导向线下，互联网迎来了电商时代。传统零售业作为灵活性最强的传统行业，率先融入了互联网的浪潮之中。从促成交易，到决策导向，把线下转移到线上，整个互联网行业开始了蓬勃发展。

随着零售业与互联网合体的成功，人们开始进一步从其他传统行业寻求商机。传统行业与互联网在线上的结合几乎被发挥到了极致，想要寻求其他的出路，就不得不把注意力从线上再转回到线下。

互联网作为一种工具，其发展离不开实体经济的支撑，在经过了纯线上阶段和线上线下相连接的阶段之后，移动互联网的普及将互联网的发展带入了第三个阶段——实体时代。这是一个互联网全面改造传统行业的阶段。用线上的思维和玩法来经营线下传统行业的实体，行业没有发生变化，但模式已经悄悄发生了变化。

2014年被称为O2O元年，这样一种商业模式之所以会忽然间火爆起来，与其重要的连接属性有着密不可分的联系。传统企业是在做生意，而O2O涉及的则是产业链。

传统的商业模式，大都是先从供应商到渠道商，经过层层的渠道商、代理商、批发商，然后才能够到销售终端进行销售，从而到达消费终端。渠道商的存在，让供应商与消费者之间存在着一条长长的链条，每经过一个环节，就会有成本和价格的叠加，这些最终都会转嫁到消费者身上，增加了消费成本。不仅如此，供应商难以得知消费者的真实需求，而消费者无处表露真实需求，只能在市场上苦苦寻找替代品。

因此，一种能够将供应商和消费者直接连接起来的商业模式，必将取代传统的商业模式，线上线下一体化将会成为企业跨界发展的重要趋势。

众所周知，苏宁原来是一家线下的家电连锁企业，自2013年年初更名为"苏宁云商"之后，经过近两年的发展，目前，苏宁已经变成了一个同时拥有线上和线下两个渠道，涉及家电、百货等全品类的"电商＋店商＋零售服务商"的新模式。

2013年6月8日，苏宁的云商战略进入一个新阶段，苏宁宣布对所有的苏宁门店、乐购仕门店销售的商品与苏宁易购实现线上线下同城、同品且同价（图6-1）。线上线下同价之后，苏宁将具有京东等纯电商所不具备的优势，即苏宁拥有了自身独特的线下体验平台，这可以颠覆传统电商在体验方面的缺憾，目前阿里巴巴正在各地筹建的淘宝和天猫体验店正是为了弥补这一点。

图 6-1　苏宁推出双线同价

2013 年 9 月 12 日晚上，"苏宁云台"面世，标志着苏宁全面转型为线上线下相互融合的互联网零售企业的步伐的进一步深化。

目前，消费者可以在苏宁易购上选中自己喜欢的商品，然后在苏宁的实体店体验后下单购买，也可以在苏宁实体店实现自提、退换货、售后等相关功能，实现线上和线下的一体化发展，使得苏宁这个传统的电器商能够在移动互联网时代实现跨界，也为在与京东和阿里巴巴的竞争中增加了一份优势。

的确，线上线下一体化既可以弥补传统电商的不足，又可以通过线上实现信息的互通互享，这对于跨界企业来说意义重大。那么如何才能做到线上线下的一体化呢？赶集网给出了 3 条建议。

第一，利用线上优势，向线下渗透。

互联网公司精于线上资源收集、信息处理，以及互联网的多样化服务，因此，赶集网充分利用这一优势，在几年前刚刚拓展出租房业务开始，便将大用户量在极短的时间内完成了聚焦，并且为聚焦群体提供包括房源信息、需求者的位置、个性需求等内容在内的，具体的、丰富的信息内容，然后通过这些信息形成线下的多样化的延伸服务。

第二，由线下反哺线上。

为了弥补自身线下资源不足的弊端，赶集网借鉴了 SOHO 中国、万科等地产租售企业的 O2O 模式，同链家地产等传统中介合作，利用合作者的线下优势反哺线上平台，推出了房屋租赁 O2O 模式。2015 年 4 月 14 日，赶集网还同房多多签署了战略合作协议，根据此协议，房多多首先将自身平台的全部新房资源同步入驻赶集网房产频道，彼此完善线上与线下渠道资源。

第三，形成线上线下的生态循环。

赶集网联合创始人及 CEO 杨浩涌认为，房产 O2O 的线上与线下的结合只是第一步，是最基础的过程。所以，他说："房产 O2O 是一个交易、服务，以及社交的系统化过程，完成交易之后，用户还会需要各种多样化的服务，如租赁的用户可能还需要保洁和家政，用户的私家车还需要定期刷洗等。基于用户的这些需求，赶集网还推出了赶集易洗车等以用户需求为基础的附加式 O2O 服务。我们的目标是，通过 O2O 服务形成一个辐射整个社区的生态系统，让一切自由的连接起来。"

微信之所以能够成功摆脱 QQ 第二的形象，与其承担起来的连接作用有着不可分割的关系。

作为 BAT 三巨头之一的腾讯一直都在十分积极地进行自身的 O2O 布局，尤其是围绕着微信，进行了一系列的产品延伸。2015 年 3 月 5 日，微信的一键连 Wi-Fi 独立申请入口（图 6-2）正式对外开放，这个申请入口也同步在微信公众平台的商家后台发布。这一举措对众多微信平台上的商家来说是一个不错的消息，意味着更多的商户能够借助这个入口为其用户提供更加便利和精准的场景服务。

图 6-2　微信连 Wi-Fi 示意图

作为连接线上线下的入口，Wi-Fi 确实是商家必争之地，腾讯希望通过为线下场景提供完整、便捷的 Wi-Fi 连接方案，并结合 Wi-Fi 进场服务能力以及微信自身的开放生态平台，打通商户线上线下之间的通路，构成闭环，提高经营效率。

Wi-Fi 作为网络的无线入口，除了能够对本店的产品进行营销，还能够根据接入的用户的消费行为、停留时间、行走路线等来进行更进一步的分析。这是免费 Wi-Fi 在 O2O 中所能起到的作用，也是腾讯推出"微信连 Wi-Fi"插件所要达到的目的。

随着微信的一键连 Wi-Fi 功能再次升级，将用户也拉入到这项服务中。用户在接入微信 Wi-Fi 后，无须再输入烦琐的无线网站号和密码，仅仅通过微信扫码的方式即可实现快速上网。不仅如此，用户还能获得商家提供的活动资讯、会员优惠等增值服务，极大地提升了企业的服务体验。

例如，在此功能前期测试时接入的餐厅、酒店、景区、商场等商户都可以利用微信连 Wi-Fi 功能为用户提供购票、下单、结账等便利功能，在为用户带来细致的体验的同时，帮助商家提高其运营效率和收益。这一功能也得到了广大用户和商家的青睐。

145

在移动互联网时代，企业的发展趋势中必然会涉及线上与线下的业务，这并不是说线上业务的份额在未来一定比线下业务庞大，大多数产品的服务和体验依然在线下，因此只有完美匹配线上与线下业务，实现优势互补，才算是真正实现了商业闭环。

线上和线下缺一不可

既然在互联网时代，连接就是生意，生意就是连接，那么对于企业而言，线上和线下都是不可或缺的部分。不论是"互联网+"，还是O2O，都需要线上线下兼顾，缺少其中的任何一部分，都不能够构成一个完整的商业闭环。

事实上，在当下流行的所有商业模式中，最适合发展线上线下一体化项目的依然是O2O模式。所谓O2O，就是线上到线下或者线下到线上的项目。所谓O2O营销，就是企业通过移动互联网这个渠道，将线下实体店的活动信息推送给互联网用户，从而将这些用户转化为企业的线下客户，促进实体店的消费。

雕爷牛腩就是通过这种线下与线上相结合的方式打响了自己的名气的。在正式开业前，雕爷牛腩进行了为期半年的封测活动，在封测过程中，创始人孟醒充分利用微博和微信与食客和"粉丝"进行互动，在得到各路"粉丝"的批评和建议的同时，也大大增强了雕爷牛腩的品牌知名度，为雕爷牛腩吸引了很多潜在客户和"粉丝"。

除了与"粉丝"互动，在封测时，孟醒还请来了许多明星和微博达人，品尝过雕爷牛腩家的菜品之后，这些明星和微博达人不仅为雕爷牛腩的菜品提出了改进建议，还在自己的微信朋友圈或者微博中晒出了自己的经历，这样雕爷牛腩的名气和影响范围就进一步地扩大了。

做好了线上工作，在线下孟醒更是尽心尽力，无论是菜品还是服务，雕爷牛腩都极力做到极致，不放过任何一个细节。对于用户的反馈和用户的期望，雕爷牛腩都尽力去满足，在改进之后，再次通过微博和微信传递给尝试过的用户，并希望其再次线下试吃，给出新的建议，在线下不断改进。

就是这样一次次线上线下的连接互动，既达到了宣传餐厅的效果，又使得雕爷牛腩的菜品达到了极致追求。

孟醒通过封测的过程，整合了线上和线下，使二者配合，打造出了良好的营销效果。事实上，线上线下一体化的方式对于商业闭环模式的打造大有裨益。线下店铺要通过移动互联网想方设法在网上寻找目标消费者，然后将其吸引到实体店里进行体验，这样既享受了互联网快捷的信息体验，又能够在线下实体店里享受到优质服务。对于实体店来说，不仅获得了大量客户，还为自己的发展提供了一些重要的数据信息，使得商业活动变得可以预测。

当然，线上线下一体化的影响力并不仅仅在于服务业，传统的渠道商也可以通过这种模式来实现商业闭环。这里不得不提京东线上线下闭环模式的打造。

京东的线上线下闭环模式的打造主要分为以下4步。

第一步，京东建立了一套独一无二的自有订单模式。在这套模式中，京东首先给用户提供了货到付款的支付模式，也就是说，尽管用户从线上了解和选择京东的产品，但是付款过程在线下，也就是说用户在认真检查了自己购买的物品之后才为之付费。这能够赢得很多不会网

147

购或者对网购缺乏信任感的用户的信任。对于网购用户来说，没有什么比货到付款的模式更有安全感，而京东正是依靠这个模式连接了线上和线下，同时将整套订单体系有秩序地执行，帮助用户形成简易购物习惯的同时，获得了更多的用户流量。

第二步，数据库在京东商城购物平台上起着巨大作用。京东商城购物平台通过分析产品的销量、价格、线上用户评分就能够分析出用户最适合的商品，从而将商品展示给目标用户。数据库的变化决定了产品的变化，而用户的评价就是最好的导购，因此，在京东的产品排列中，用户往往花很少的时间就能够找到最中意的产品。

不但如此，在京东商城购物时，我们还会看到很多数据，如有多少用户会在某一个分类中选择哪一款产品，哪些产品被贴上了怎样的标签，以及与某款产品搭配使用的互补产品，大大简化了用户的购物体验。

2006年6月，京东商城打造了一个新的评论系统——京东产品博客体系，该体系是让用户在线上发表线下的商品使用技巧或者使用方面的评论、购物体验等，这个平台从一方面可以客观地反映用户的使用心得供其他用户参考，另一方面可以为京东提供选品的数据支持。

第三步，为了解决网点问题，京东商城建立了京东物流，到目前为止，京东物流可以说是京东的一个重要战略，京东物流满足了那些对购物时间有刚需的人群，这一点正是京东能够在阿里巴巴的打压下前进的重要杀手锏。此外，为了突出自己的品牌战略，京东商城还给自己的物流配备了专门的服装和品牌包装，这些都强化了京东商城的口碑。

第四步，京东拥有强大的售后政策。我国法律规定的三包和保修政策中家电产品的"7天""15天""一年"的要求是众多企业严格遵守的红线，但是京东商城认为这远远不够，因此，在法律规定的基础上京东商城提出了"30天不修包换"的政策，这让线下的用户感到十分有安全感，特别是买到那些价格较高的数码产品时。

从京东的整个商业闭环中可以看出，其一直围绕着为用户提供更加快捷方便的购物体验这一核心思想，实现了线上选款和线下付款的完美结合，线上购买、线下配送的完美匹配，使得京东始终保持着良好的经营状态。

在移动互联网时代，企业的发展趋势中必然会涉及线上与线下的业务，这并不是说线上业务的份额在未来一定比线下业务庞大，大多数产品的服务和体验依然在线下，因此只有完美匹配线上与线下业务，才算是真正实现了商业闭环。

作为一个互联网创业的"老兵"，牛司机养车网创始人鲍炎焱有着丰富的互联网创业经验。从2006年便开始互联网创业，设计开发了向求职大学生服务的"优泊求职公寓网"，并在2008年获得天使投资；2010年，公司整体转型，开发基于OBD（车载诊断系统）技术的汽车远程诊断系统，在2012年获得了千万元的投资；2013年，鲍炎焱从OBD领域抽身，进入了拥有12年历史的汽配贸易企业百配汇通网络科技公司，负责公司IT系统开发，并在2014年上半年，创办了今天的牛司机养车网平台。

8年的创业经历，让鲍炎焱见证了许多企业在困境中茁壮成长，也见证了许多企业在顺境中逐渐迷失，更见证了无数原本极具希望的公司在错误的模仿中消亡。

2015年2月，鲍炎焱在车云网举办的新年活动中这样说道："当下，做汽车维修保养服务的O2O项目很多，这一行当的从业者也都清楚，运营汽车保养O2O，必须重点解决耽搁环节，即集客、产品和服务。

那些只注重从线上为线下集客的企业大多失败了，为什么牛司机养车网能够活下来？因为我们做的不仅仅是将各个合作汽修店的服务报价采集上来做展示，更会在车主选择服务后，为车主提供更多的优质服务。"

鲍炎焱认为，线上确实是招揽用户的重要途径，可是，如果线下服务做得不到位，这些用户再多也只能是一次性的消费，无法构成二次消费，乃至更多的重复消费。所以，牛司机养车网在创办之初，便格外注重线下合作门店的规范化建设，提高用户的服务体验。例如，车主到店后工作人员必须当面开箱，保养过程中的 20 多项检测必须全部进行，检测完成后还需要填写一份车辆健康档案交给给车主等。

另外，为了做好服务，吸引那些由线上聚集而来的初次用户成为永久用户，牛司机养车网在选择线下合作门店时还执行以下标准：第一，门店外观装修必须洁净，让车主一眼看去便有踏实感；第二，维修车间必须整洁干净，让车主有种置身 4S 店的感觉；第三，客户休息室必须有，而且还要足够舒适，给用户一种家的感觉。

业界还有很多汽车后市场 O2O 平台的运营专家，但能够将用户回流率做到高达 57% 的，仅有牛司机养车网一家，毫无疑问，牛司机养车网的成功源自于其抓住了需求的主流，并且没有在犯其他同类企业只注重线上引流的原则性错误。

线上线下的结合与整合，是"互联网 +"的最大特点，因此，无论是线上还是线下，都不是单向的。传统企业存在线上不足，但也有线下优势；互联网企业线上布局充分，但也存在线下的短板，所以，企业务必要注意结合线上线下的整体布局，打造相辅相成的运营模式，只有如此，才能够获得平稳快速的发展，收获意想不到的效果。

以场景化接入用户习惯

没有人会去冷饮店买感冒药，去苹果体验店里买 Windows 系统的计算机，更不会有人去歌剧院听相声和评书。为什么会出现这样的情况呢？这就是场景的作用。

"场景"一词最早来源于影视用语，是指在特定的时间空间内发生的行动，或者因人与物的关系构成的具体画面，是通过行动表现剧情的一个特定的过程。大量的场景组合在一起，最终才能形成一个完整的电影故事。

在现实生活中，等车、逛街、工厂机械设备的运转、支付等都算是一个场景。而在不同的场景之中，人们习惯于做不同的事情。例如，去马尔代夫看海晒日光浴，去京都看樱花品怀石料理，去威尼斯感受水上之城的魅力，这些都是人们习以为常的事情。同样，不同的生活场景也对应着不同的应用和产品。

随着互联网经济的深入发展，越来越多的互联网人开始领悟到场景的重要意义，越来越多的创业者开始意识到，想要在移动端影响用户，增强用户的黏性，就必须首先构建一个场景，培养出用户的消费习惯，让习惯成自然。

2014 年 12 月 25 日，在 2013 年广东（国际）电子商务大会上，淘宝 O2O 项目品牌商负责人，花名"天机"的李川首次对外公布了淘宝系的 O2O 整体战略规划，并指明，阿里巴巴 O2O 的核心就是场景化。

李川认为，移动商务全面改写了 PC 时代的互联网交易规则，为线上线下的商户提供了前所未有的直接接触消费者的通道。然而，在通道多元化所带来的前所未有的消费场景背后，需要企业着手解决的细节问题却十分复杂，所有的消费场景，都有 O2O 企业所需要延伸和解决的问题，企业必须要根据消费场景逐步摸索出有针对性的商业逻辑。

从 O2O 概念的传入到现在，国内 O2O 市场已经经历了一个从概念到完整落地的过程，而伴随着一个个全新的购物、支付等体验场景的出现与成功，是否足够场景化，已经成为了 O2O 成败的指南针。场景化做得好，O2O 就能找对方向继续生存，做得不好，就会迷失。不仅是 O2O 如此，"互联网 +"时代，所有的企业都应该高度关注场景化。

大家都知道，当下的企业想要得到长远发展，就要实现线上线下的无缝连接、统筹兼顾，可是却很少有人明白，连接的真正核心正是"场景"，无论是渠道还是平台，所能完成的任务都只是引流而已，要想实现流量到交易的商业变现，便必须要实现相应的场景化。

腾讯凭借自己强大的流量优势，几乎将触角伸向了互联网领域的各个角落。之前财付通随着腾讯拍拍的势微而没能与支付宝一争高下，在微信取代 QQ 成为移动端的超级流量王者之后，腾讯推出了微信支付，再度拉开了与支付宝之间的争夺战。

2014 年 1 月 26 日，腾讯财付通在微信推出公众号"新年红包"，用户关注该公众号后，微信用户可以以两种形式发放红包："拼手气群红包"，用户设定好总金额以及红包个数之后，可以生成不同金额的红包；另一种则是普通的等额红包。用户抢到红包后，可以提现到绑定微信帐号的银行卡上。

微信红包一经推出，就以病毒式的传播方式活跃在各个微信群中，并在除夕当夜全面爆发。微信官方数据表明：除夕当天到正月初八，超过 800 万用户参与了红包活动，超过 4000 万个红包被领取，平均每人抢了 4 ~ 5 个红包。红包活动最高峰是除夕夜，最高峰期间的 1 分钟有 2.5 万个红包被领取，平均每个红包在 10 元内。

随着微信红包的火热，在春节期间便有消息称，"微信绑卡用户破亿，一个红包就超过支付宝 8 年做的事"。更有人形容微信红包为"携载核弹的 B-52""黑死病席卷欧洲那般"。微信红包推出数日后，有人便如此评价腾讯此举所取得的巨大成绩。马云也将此形容为如同"珍珠港偷袭"。

接着在 2015 年春节，微信红包、QQ 红包和支付宝红包等早已做好准备，争先出现，一时间各种红包使人眼花缭乱。2015 年 2 月 2 日，支付宝钱包推出红包功能，红包中增加了微信、朋友圈以及 QQ 和 QQ 空间的分享入口，支付宝红包登录微信。但是仅仅过了几个小时，支付宝红包的微信分享端口就被关闭，不仅如此，腾讯还关闭了微信旗下商店的支付宝付款功能。为了避免被微信封杀，支付宝迅速推出"红包口令"新玩法。

红包口令就是在当用户将支付宝红包分享到微信或 QQ 时，自动生成一张带有数字口令的图片，可以保存此图片并打开微信，然后将其发到微信群、朋友圈或者 QQ 中，其他人可以根据图上的数字口令再进入支付宝钱包首页，点击"红包口令"输入数字，领取红包。

这么做虽然麻烦了一些，但也让微信毫无办法。期间，有人晒出了支付宝"红包口令"的战绩，称支付宝红包口令已经到了六位数，意味着分享次数已经超过 10 万。保守估计按照每个红包分成 20 份计算，那么仅仅上线 3 个小时，支付宝红包就在微信里传播了 200 万次！

2016 年 1 月 26 日下午 5 点，微信的春节趣味新功能"红包照片"（图 6-3）进行了首次测试，用户的朋友圈纷纷被"毛玻璃照片"刷屏，想要看到这些照片的"真容"，就要先给好友送上一份新年红包。红包数额从 0.5 元到 5 元不等，在发红包前每次重新点击都能够刷新金额。这次的测试昙花一现，不少没有赶上的用户大呼可惜，而参与了玩法的用户也表示没有意犹未尽。腾讯方面则表示红包照片的功能将在除夕夜再次亮相，并以每年一次的频率，与大家相约每一年的除夕。

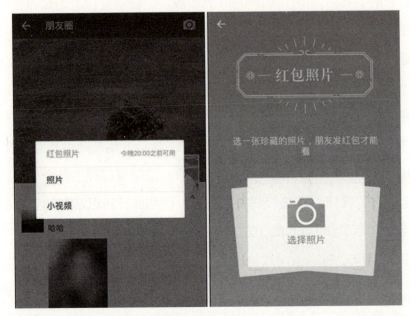

图 6-3　微信推出"红包照片"玩法

猴年春节，支付宝也同样采取了策略。在朋友圈刚刚被红包照片刷过屏之后，各大社交软件上又出现了支付宝集福活动的邀请信息。支付宝帐号新添加 10 个好友，就能够得到系统赠送的 3 个福字，好友间相互送福，集齐 5 个福字的人将在除夕夜平分 2 亿元现金。

为什么同为三大巨头的腾讯和阿里巴巴都如此重视春节的红包呢？红包是小，场景是大。支付宝和微信支付所期待的，是通过红包达成一个场景效果，其目的是提升移动端支付用户的黏性，为长远占有用户移动支付的商机打好基础。

简单来说，无论是建设平台，还是拓展渠道，最终目的还是凝聚"粉丝"，形成购买力，而离开了场景化思维，缺乏场景化体验，便很难真正地吸引用户。例如，你听身边的人说一个产品如何先进、如何智能，听10遍也未必动心购买，而倘若让你试用3天，当你亲自发掘出它的一个个神奇的功能时，你的购买欲望便会空前膨胀，这就是场景化的巨大作用。

移动支付端是企业走向广阔商业世界的通道，当下，无论是阿里巴巴还是腾讯，抑或是苏宁等后进者，只要黏住了移动支付端的用户，企业就可以通过移动支付端口布局商业生态，形成一个完整的商业闭环，正因为如此，在这个过程中构建移动支付的场景就变得尤为重要了。

事实上，推而广之，只要创业者能够创造出足够吸引用户，能够充分黏住用户的应用场景，那么，这些场景便会为企业创造出更多价值。

国内知名的眼镜品牌之一宝岛眼镜，创立至今已有30多年的历史，秉持着"用专业的心，做专业的事"理念，始终坚持着与时俱进的心态，力求为用户提供最好的服务。

面对着O2O的大潮，宝岛眼镜并未故步自封，而是选择与天猫等国内一流的网商平台合作，全力打造自己的O2O系统。作为全国最大的眼镜企业，宝岛眼镜拥有3000多家门店，雄厚的线下资源无疑为其开发O2O事业提供了坚实的基础。

然而，在天猫开设网上旗舰店之后，宝岛眼镜董事长王智民却发现，尽管做了大量的宣传和特惠活动，但受制于眼镜这一产品的特殊性，宝岛眼镜的客户流动性仍然不高，用户更加倾向于线下配镜，而非网上订购，线上线下很难形成有效互动。

经过一番尝试后，王智民意识到，想要解决这一问题，必须加强品牌的场景化建设。为此，他将宝岛眼镜的线上业务做出了重新的定义和规划，不再是趋同于线下店铺的销售渠道，而是做起了精准定位和全网服务的场景化业务（图6-4）。

图 6-4　宝岛眼镜官网

　　简单来说，如果宝岛眼镜的用户想要在线下配一副眼镜，那么，只要需要登录微淘等客户端，查询附近的店铺，就能帮助用户锁定最近的宝岛眼镜店了。而且，通过线上会员绑定，宝岛眼镜还成功帮助用户摆脱了过去配镜离店后与企业沟通不便的状况，有任何问题和需求，都可以通过线上客服与宝岛眼镜进行沟通，客服则会联系相应线下店铺，帮助用户解决。

　　这种身临其境的场景化体验，最终为宝岛眼镜黏住了许多原本只想随便选一家公司配一次眼镜的用户，让他们成为了宝岛眼镜的忠实"粉丝"。

　　在场景时代，产品为场景提供解决方案，产品价值通过场景分享，通过场景打造出企业品牌。移动互联网下给了我们一个机会，通过场景将人、供给、需求连接起来，使得这种连接在用户需要时被随时激活，从而引发用户的消费，培养用户的习惯。可以说，在信息和流量入口争夺之后，应用场景的建设开始成为当下互联网企业持续发展的必由之路。

突破用户的信任瓶颈

在各种各样的生活场景中，我们势必要接触到各种各样的人，我们在餐馆吃饭、坐出租车、住酒店，都在无形当中给予了很多人信任，但这种信任的前提，来自于法律、品牌或者企业主个人的声望所带给我们的保障。

一个创业企业，或是知名度并不高的中小企业，无论在线上还是在线下，都面临着用户存在不信任的问题，这种不信任会直接导致用户将其排除在选择范围之外。因而品牌想要有所建树，就要先得到用户的充分信任。

"互联网+"想要实现线上和线下的连接，实现企业与用户之间的连接，第一个要解决的，就是信任瓶颈。微信为什么能够取得成功？马化腾为什么担心微信会颠覆 QQ？就是因为与 QQ 相比，微信是建立在信任关系上的。

和微信一样，QQ、易信、陌陌、飞信甚至邮箱等社交工具都是实现人与人之间的交互的，但是与微信不同的是，QQ、陌陌、邮箱等更多的是关注陌生人之间的交互，这些交互往往基于相似的兴趣、相近的地理位置或是工作需要等原因发生，但微信所产生的交互更多的是发生在相熟的人之间。可以说，有信任关系作为基础，才能够使品牌与用户建立起互动，进而促成交易。

对购物性消费而言，"最后一公里"即用户与品牌的交互。为了实现与用户的交流，最大程度地吸引用户主动完成消费，美丽说可谓煞费苦心。

美丽说团队首先将聚光灯打到那些时尚爱好者身上，并且将微信圈打造成他们的舞台。通过关注时尚人士的微信和群聊，建立起一个强大的时尚网络，然后通过 C2B（消费者到企业）模式来拉动用户的需求，用大数据分析出需求，最大程度地保持商家的零库存，从而承接美丽说的柔性供应链。

为了打造时尚品牌从生产到销售成交的良性闭环生态，克服用户对企业和产品的不信任问题，帮助流量顺利变现，除了用微信连接潜在用户、吸引用户完成下单，美丽说还在产品质量监控上下足了功夫。

首先，在美丽说平台上发布的商品都有确切的指标，乱七八糟的商品不允许进入平台；其次，商品的发布者必须在美丽说平台上有所承保。最重要的一点是，通过买家和卖家的群聊，美丽说可以让消费者们充分地互动起来，以信任感促成交易。

随着互联网经济的发展，网购渐渐走入人们的生活，成为了一种新兴的生活方式，在享受网购便利的同时，消费者也在质疑网购的安全性：我的钱付出去会不会被骗？发过来的货和卖家的描述会不会有很大的差别？

对于第一个问题，支付宝、微信支付等第三方支付手段很好地解决了，而第二个问题则一直困扰了商家和消费者很多年。不过，随着"互联网 +"的兴起，这一问题也得到了很好的解决。

以家居建材见长的美乐乐公司，最初只是在淘宝商城开了一个买家具的小店，规模很小，经过 3 年的发展，到 2010 年时，销售额才达到了 300 万元左右。

然而，家居建材商品的属性十分特殊。首先它属于非标产品，桌子和桌子，椅子和椅子是不一样的；其次它的零售价比较高，少则几千元，多则上万元；最后是物流和安装的问题，尤其是安装服务，是与商品绑定在一起的。

因为这 3 个因素的影响，用户往往难以做出购买决策。对很多家庭来说，购买家具一次性的投入是很大的，如果有偏差出现，后面会有很多麻烦。因此，往往有很多用户会觉得美乐乐的家具很漂亮，却不敢买。鉴于这种情况，美乐乐开始在线下开设体验店（图6-5），让用户能够切实接触到、体验到美乐乐家居的质感。

图 6-5　美乐乐家居洛阳体验馆

通过体验店的形式，美乐乐将线上线下打通，线上有实惠的价格，线下有直观的感受，用户对于企业的信任瓶颈得以突破，美乐乐也从一个小小的淘宝店铺，发展成为了一家年销售额可达 20 亿元规模的家装体验平台。

互联网企业从线上走到线下需要突破用户的信任瓶颈，传统企业想要从线下走到线上，同样如此。

2013 年 6 月，苏宁易购对外宣布，从 6 月 8 日起，全国所有苏宁门店、乐购仕门店销售的所有商品，将与苏宁易购网上商城实现同品同价销售。并且承诺，今后消费者在苏宁或者乐购仕门店购买商品的价格，将与苏宁易购的价格绝对一致。

苏宁为什么会执行这一"同价策略"？对此，苏宁易购执行副总裁李斌解释说："线上线下同价是互联网零售的应有之义，也是苏宁云商全渠道融合的重要战略。"然而，在充满正义感的说辞之下，隐藏着的却是苏宁 O2O 战略不利的事实。

原来，在苏宁易购刚刚推出线上业务时，为了拓宽市场，彻底打开网上平台，苏宁决定实行"异价策略"，即苏宁网上平台的销售的商品，可以根据需要给予不同程度的折扣优惠。

如此一来，苏宁易购确实在很短的时间内便促成了很高的交易量，但经过数据分析，苏宁的高层很快发现，这些交易中，仅有不足 1/4 是通过口碑宣传拓展而来的，而另外 3/4 不过是由线下到线上的单向转移。也就是说，异价战略不仅不能给苏宁带来实质上的提升，而且使用户对苏宁产生了一种不信任感。

而执行线上线下同价之后，价格有差异将按底价计算，最大程度地让利消费者。苏宁在线上线下两条渠道的商品、服务、价格方面都将实现完美融合，消费者既可以在线上发现商品，研究参数，然后根据需要选择线上还是线下购买，也可以在线下店铺挑选商品，再去线上购买。不论是线上还是线下，都能够保证以最低廉的价格，购买到有保障的产品。如此一来，线上端与线下端的用户便可以实现双向互动，在交互之中沉淀下来，最终成为苏宁的忠实用户。

既然"互联网 +"成功的关键就在于企业能否突破用户的信任瓶颈，那么怎样才能赢得用户的信任呢？需做到以下 3 点。

第一，要提供优质的产品。

产品是一切的基础。经常网购的用户都会有这样的体验，最初在某家店铺或某一平台上选择某一个产品时，仅仅是根据商户的描述和已购买的用户的评论做出的决策，这种决策当中有很大的"赌一把"的成分在里面。而在得到一次成功的购买体验之后，用户就会对这一商户产生一种信任，成为人们常说的"回头客"。因此，只有用户使用了这一款产品之后，能够满足需求，解决问题，用户才会对这一产品和产品背后的企业与品牌产生信任。好口碑也是从好产品中得来的。

第二，要使品牌价值观与用户保持一致。

著名的共享经济先驱者Couchsurfing（沙发客）之所以能够使陌生人之间迅速建立起信任关系，就是以相同的价值观作为基础的。Couchsurfing通过社区和个人主页的形式，充分展示每一个用户的兴趣爱好、旅行经历、生活哲学、学习计划甚至是能够相处得来的人的类型等信息，让用户更加方便地找到与自己趋同的人。很多时候，用户购买产品除了要解决基本层面的需求，还希望能够从品牌中得到精神层面的满足。有情怀的产品更受市场的欢迎，当用户能够跟品牌价值观产生共鸣的时候，就会很自然地对品牌产生一种信任感。

第三，要实现与用户全方位的连接。

造成不信任的因素有很多，其中很重要的一点就是信息获取的不全面。美乐乐推出线下体验店，苏宁云商实行线上线下同价等，都是为了让用户获取到更多的信息。而想要让用户了解更多，就需要让用户走进企业，就要与用户形成连接，通过互动，与用户形成一种关系闭环。

正所谓，人无信不立，业无信不兴。移动互联网时代，信任才是企业生存和发展的根本所在，谁能够突破用户的信任瓶颈，谁就能够得到用户的支持与喜爱，进而在激烈的商业竞争中赢得胜利。

以支付实现成交闭环

无论是做线上线下的连接，还是突破用户的信任瓶颈，企业所做的一切，最终都是为了成交。交易和购买环节，是 O2O 模式得以存在的一个非常核心的环节。尤其是在移动互联网经济时代，如何让消费者在整个体验链条中完成交易和购买，是所有 O2O 企业都在关心的话题。

作为一款免费的 App，魔漫相机曾被很多人指出，没有实现支付环节，就只能是叫好不叫座，昙花一现。因此，任晓倩也曾尝试过付费表情模式，但碍于中国应用市场用户信任度低的原因，有些人认为中国的付费 App 会趁机盗去用户的信用卡信息，所以也没能得以实施。于是，任晓倩索性决定"做一个单纯的创造快乐的产品"，能不收费就不收费。

为了能够更好地接触用户，2013 年魔漫相机开设了线下体验店，这线下体验店却意外地给魔漫相机指出了一条连通支付环节的道路。

学习平面设计出身的任晓倩，第一份工作是在一个给沃尔玛提供个性化礼品定制的公司做设计，这份工作的经历让她深刻地认识到，个性化礼品定制拥有着巨大市场。

因此，在魔漫相机开设的线下体验店中，除了能够在店内的平板电板上制作出各种各样的图片，还可以将最终选定的魔漫图片印刷到 T 恤、笔记本或是手机壳等物品上。

这些印有自己卡通头像的个性化礼品（图 6-6）受到了市场的广泛好评，尤其是迎合了"90 后"的个性化需求，不少公司还会到店内来定制年会礼品。

对于"二次元"的用户来说，这种周边产品并不陌生，一个普通的本子或者水杯可能只有 10 元的价格，但是当印上二次元的经典人物，被制作成周边产品时，价格就有可能翻 3 ~ 5 倍。魔漫相机是将"三次元"的照片变成"二次元"的漫画，再将漫画与个性化定制结合起来，

走出了一条独特的盈利道路，实现了完整的商业闭环，也让魔漫相机
在众多的 App 当中生存了下来。

图 6-6　魔漫相机定制礼品

　　虽然这种个性化定制看起来比比皆是，图片制作的 App 也颇为丰
富，但很少有人将这二者结合起来，也并不是所有的个性化定制都能
够像魔漫相机一样，通过 App 为照片的艺术形象赋予新的感官体验。
这也是魔漫相机的用户可以接受较高的心理价位的原因之一。

　　魔漫相机目前已经风靡全球，在海外有将近 1.2 亿用户。在
Facebook F8 大会上，魔漫相机获得了年度最佳应用奖，也是唯一上
榜的中国应用。

　　总结起来，魔漫相机的盈利模式就是："用高附加值的定制内容，
向生活及文体用品行业输出个性化加工的能力，以此实现不会损伤用
户体验的商业变现。"

　　如今，支付环节作为实现商业闭环的"最后一公里"，已经成为
BAT 等互联网巨头正向布局的重要战场。2014 年持续一年之久的"打

车大战"正是阿里巴巴和腾讯通过快的打车与滴滴打车进行的一场支付产品争夺战。在此之前的红包大战,也是腾讯为了推广微信支付而向支付宝发起的挑战。但是就在两大巨头你争我抢,誓要拼个鱼死网破的时候,与阿里巴巴、腾讯并驾齐驱的百度则十分低调地对自身的支付产品"百度钱包"进行了全面升级。

百度钱包除了兼具传统的转账、充值、积分、理财等功能,此次升级还推出了"拍照付"功能,成为接棒"二维码"的移动支付方式。拍照付将移动支付融入图文识别技术,随拍随付,比微信和支付宝的二维码扫码支付更能提升用户在购物中的直观体验和支付效率。

2014 年 4 月 15 日,百度副总裁李明远宣布升级后的百度钱包将随着手机百度 5.3 版本一起推出。李明远表示:"移动互联网时代,百度一直致力于打造一个包含用户、合作伙伴在内的健全的生态系统。用户需求已经从'百度一下,你就知道'演变为'百度一下,你就得到';而我们的开发者/合作伙伴的最大痛点,也已经从流量、用户的获取变成了用户的沉淀和支付服务的满足。用户和开发者/合作伙伴需求的变化,是百度深化布局移动支付,推出百度钱包的初衷。'百度钱包'的推出,意味着百度移动生态建设走向深入。"

从阿里巴巴的支付宝到腾讯的微信支付,再到如今的百度钱包,互联网三大巨头齐聚支付环节,京东、苏宁等也相继推出了自己的第三方支付产品,这在帮助自身企业实现生态闭环的同时,也推动着整个行业生态的进化。

在过去很长一段时间里,无论在哪个行业,线上和线下的支付手段都是分离的。在线上,B2B 电子商务多通过第三方担保交易来实现支付,而 C2B 则进一步从消费者出发,设计了货到付款的支付模式。

这两种线上支付模式本就是为了方便交易而开发的。然而,直到近两年，O2O 从业者才发现一个十分重要的问题，线上的支付宝等第三方支付连接的是银行系统，而线下刷卡支付对接的则是银联的 POS 机系统。

如此一来，企业在同时展开线上与线下销售活动时，只能分开来运营，一方面增加了运营成本，另一方面也为线上线下的真正融合增添了困难。而造成这一窘境的原因是多重的。首先，银行系统与银联系统对接复杂；其次，消费者出于支付安全考虑，不愿在店内计算机上进行在线支付；最后，商业地产商为了实现对商场店面交易量的监控，也不愿在实体商铺使用线上支付。

作为中国孕婴童行业领先的全国连锁零售企业，乐友孕婴童（以下简称乐友）早在 2004 年便首创了"连锁店＋网上商城＋直购目录"三位一体的经营模式。2013 年，更是乘着电子商务的东风，开始着手布置 O2O 市场。

运营过程中，乐友创始人、现任董事长兼 CEO 胡超发现，经过多年积累，乐友的实体店沉淀了丰富的用户资源，但这部分资源始终未能在线上市场的扩张中发挥出应有的作用。

另外，胡超还发现，线上线下支付方式的不同，带给企业的影响也是完全不同的，对于任何商家而言，资金的回流效率都是十分重要的，而乐友在线下多使用 POS 机刷卡支付，银联会对乐友实行 10%～25% 的扣点，回款周期更是长达 2～3 个月。相比之下，线上支付的扣点仅为 5%，回款周期更是在多在 1 周以内。毫无疑问，使用线上支付对企业资金运转将更加有力。

于是，胡超决心变革乐友的支付手段，逐渐实现线上线下支付方式的统一。不过，落实到具体执行中，胡超很快发现，线下用户为了确保支付安全，只会选择用自己的手机进行支付，而又并非所有用户的手机都安装有支付宝钱包等支付工具，这就导致了线上支付无法真正落实到线下交易中来。

2014年3月，乐友举步维艰的支付推广终于出现了一缕曙光，腾讯公司推出了微信支付功能。超过6亿用户的微信几乎成为了当代国人必备软件，只要使用智能机的手机用户，几乎都会有一个微信帐号，而且，微信支付开通简单，使用方便，十分适合进行线下支付。

根据最近统计，截至2015年4月，乐友已经在全国范围内超过65%的线下店铺中实现了线上支付，预计在2016年年初，即可达到100%覆盖，从而实现支付手段的统一，为公司O2O布局扫清障碍。

不仅仅是乐友，任何企业都一样，支付手段无法统一，O2O线上线下的融合就无法真正的建立。而以微信支付和支付宝钱包等支付手段为主的手机支付虽然可以有效地实现支付手段的统一，但这一变革还需要一个持续的过程，在这里只能说，面对这样的大势，谁能先行一步，谁便能占据一定的优势。

第 7 章

持续互动
——借参与感植入体温和情感

互动是企业构筑用户黏性的重要方式，高频互动更是企业取得用户信赖与支持的重要手段，通过有感情的高频互动，品牌才能牢牢地把用户圈定在产品的周围，并使之随时为产品贡献力量。

用户黏性源自于高频互动

在互联网的世界里有一个传统商业时代看不到的有趣现象：有些产品本身并没有什么硬伤，却很难被用户想起，或者说其留存率特别低，反之有些产品与同类产品相比并没有什么十分突出的优势，却成了大量用户离不开的产品，如小米的米聊和腾讯的微信。

这种情况的本质涉及用户黏性的问题。在 PC 时代或是更早的传统经济时代，用户黏性更多地被表达为用户忠诚度，来描绘一种用户和企业之间相互信任、相互依赖的关系。企业会不断地满足用户的需求和期望，消除和预防用户的抱怨和投诉，从而提高用户满意度，并最终提高用户的忠诚度。而在忠诚度达到一定水平时，用户就会对该产品、服务或是品牌形成一种偏好，并重复购买。

例如，某人家楼下向北 100 米的地方有一家开了几十年的杂货店，向南 50 米有一家新开的便利店。他在杂货店买了十几年的东西，跟老板关系好得像朋友，他日常生活需要的用品在这家杂货店里都能够买到，因此，即使便利店更近，但他依然习惯性地跑去那家杂货店买东西。这就是用户黏性带来的结果。

对于企业而言，尤其是创业企业，如果不能够增强自身的用户黏性，那么最终将会失去竞争力，湮灭在市场中。

2014 年是移动互联网元年，是 O2O 元年，同时也是各跑步类 App 生机蓬勃的一年，在苹果商店中输入"运动"作为关键字，共有 3000

多款应用，其中"跑步"应用多达数百个。

根据数据显示，乐动力、咕咚运动等排名相对靠前的 App，日活跃用户超过了百万，但更多的跑步类应用还是无法拥有大量的用户。

跑步 App 能够得到关注，一部分源于人们对于运动的需求，另一部分源自社交的需求。目前市面上的跑步类应用碍于技术水平限制，功能流于表面，大同小异，大都是通过 GPS 定位，显示路线图、耗时、卡路里消耗等数据。如果用户不能够形成长期的运动习惯，就难以拥有高用户黏性。

因此，2015 年以来，运动 App 市场不再受到资本的青睐，投资热开始降温，而即便是日活跃用户数较高的几款产品，也未能够实现盈利。

不仅仅是跑步 App，惹得巨头们群雄逐鹿的外卖市场，也正在陷入缺乏用户黏性的窘境。平台化的发展，使得各家外卖平台同质化十分严重，价格战一打响，谁的折扣低，用户就涌向谁，长此以往必将形成恶性循环。因此，"饿了么"已经开始慢慢降低优惠力度，逐渐从价格战中退出，转而提出各种增强用户黏性的玩法。

既然没有用户黏性，企业的发展将受到很大的限制，那么，用户黏性来自哪里呢？在本节最初便利店和杂货店的例子中，就已经给出了答案，用户黏性源自于高频互动。当你十几年如一日地在一家杂货店买东西的时候，这家杂货店其实已经成为了你生活中不可分割的一部分，企业想要获得更高的用户黏性，就要不断与用户进行互动，让品牌和产品走进用户的生活。

所谓的高频互动，是指持续不断的，或者间隔很短，持续性极强的互动方式。心理学研究发现，人的记忆空间是有限的，记住一些新内容，往往便会淡化一些旧的内容。所以，企业如果不想被新晋者从用户的脑海中挤走，就必须持续地强化自己的存在感和不同一般的地位。

深谙"粉丝经济"之道的小米，之所以能够吸引这么多"粉丝"死心塌地的追随，除产品本身的优势之外，与其频繁互动也是离不开的。小米能够充分利用互动，把与"粉丝"之间的互动转化成营销场景。

每次新产品发布，除了线下的发布会会邀请"粉丝"到场参加，还会在线上进行同步直播，观看直播并转发分享的用户，就有机会获得限量礼品；小米还会定期在官方微博、贴吧、微信公众号等平台上发起话题讨论，参与并分享话题的用户就有参加抽奖的机会；此外，由小米策划、"米粉"自发在论坛组织的爆米花活动，每年都会在全国各地进行几十场。

线下的发布会、线上的社会化媒体平台，以及线上组织线下进行的爆米花活动，都保持了很高的频次，让小米的用户或是关注小米的消费者能够经常性地接受到小米的信息，有信息才有流量。

纵观小米的每一个销售神话的诞生，几乎都与一种互动活动绑定在一起，都是在不同的互动场景中实现的。首发抢购（图 7-1）是一种互动，"米粉节"发放折扣福利是一种互动，微博微信参与话题讨论抽奖是一种互动，酬谢老用户是一种互动，参与"双十一"特卖仍然是一种互动。

图 7-1　小米用户 F 码特权回馈

当然，除了互动的频率高，也要抓准用户的心理。用户黏性是一种很特殊的情感，当用户黏性建立起来之后，用户关注的重点就不再是产品本身，而是产品背后所蕴含的情感和底蕴。这就要求企业要能够与用户形成感情共鸣，否则高频次的互动不仅不能够增强用户黏性，反而会让用户觉得受到了骚扰。

小米公司在情感共鸣方面也做得十分到位。2014 年春节前夕，此前很少在传统渠道投放广告的小米，在央视黄金时段，花费 6000 万元，投放了一个一分钟的品牌广告，名为《我们的时代》。在雷军看来，小米公司运营的 3 年时间里已经在网路段积累了数千万互联网活跃用户，假如想要借力更加大众化的传播平台去触及更大部分的用户群体，那么央视是首选。

在《我们的时代》这支广告的创意上，小米公司做出了不同以往的尝试，没有重金邀请明星代言，也没有出现任何小米的品牌和产品形象，整个广告只讲述品牌性格与情怀，只讲述年轻一代的精神世界，只是在最后一秒出现了小米公司的标志。雷军说，当时策划小米广告的动机很单纯，就是想给"米粉"群体代言，他们是当下的年轻人，为他们拍一支能够宣扬年轻人崛起的公益广告。小米的用户是因为喜欢小米的产品、团队和小米的精神才选择小米的，而不是因为某位明星，因此请不请明星代言并不重要。

小米的做法遭到了很多人的质疑，但雷军和他的团队十分自信。因为他们拍摄这条广告的初衷，就是给小米的"粉丝"、员工以及合作伙伴看的，目的是引起小米用户的共鸣，如果他们在想到这个时代的时候，能够想到小米，那么这支广告就是值得的。

当然，小米也没有忘记利用这样一个机会与用户进行互动。在央视春晚的广告播出之前，小米团队在官网上提前一周做了网络首映（图

7-2），并且围绕这个首映做了一系列的推广活动，通过小米官网、小米社区、新浪微博、微信、百度贴吧、QQ 空间等社交媒体全平台进行视频播放。此外，小米论坛上还推出了"看广告点赞砸金蛋赢奖励"的活动，小米官网《我们的时代》海报微博分享活动，小米的官方微博开通了一个专门的话题"我们的时代"进行讨论，这一切使得小米的广告还未正式面向大众，便已经获得了良好的推广效果：活动启动不满 24 小时，视频就已经播放了超过 150 万次，在除夕夜央视正式播放之前，这个视频已经播放了超过 400 万次。

图 7-2　小米《我们的时代》广告推广页面

　　小米通过在各种媒体上首映的形式，让广大用户提前参与到小米广告的互动活动中，这从很大程度上为小米的电视广告进行了预热，同时这款广告因为其情感激发了广大年轻人的共鸣，因此，等到电视直播时，这个广告已经拥有了基本的传播人群基础，在除夕夜央视播放时，再借助春晚的平台形成了大范围的传播。

　　在小米公司进行宣传推广的过程中，从《100 个梦想的赞助商》的微电影到《我们的时代》的春晚广告，小米公司始终保持着一种积极向上、认真的情怀和质感，一直带有浓烈的青春梦想和创业情怀，这些推广内容像小米公司一样充满了正能量，正是这种正能量引发了广大青年人的强烈共鸣，因此，小米公司在传播的过程中不仅增强了用户对品牌的黏性，还培养了大量的"米粉"。

在任何一个时代，无论是创业者还是企业，都要明白这样一个道理，产品是用来满足用户需求的，只有得到了用户的支持和青睐，产品才能够立足于市场。因而，企业与用户之间，必须要相互联系、相互沟通，甚至是互利共赢，这样才能够增强用户黏性，使用户对企业产生持续的好感和支持。

在互联网时代，人与人、人与企业之前的交流成本逐渐降低，随之而来的就是互动频率的整体上升和用户对于互动需求的增加。谁能够与用户互动，谁就能够吸引用户、充分激发自身的资源，进而走向成功。

打造便捷的互动场景

当然，与用户的互动也离不开天时地利人和。与正确的人，在正确的时间和地点进行互动，就是所谓的场景。

企业为了增强用户黏性，提升用户对品牌的归属感，而与用户进行的互动，其实也是一种带有强烈目的性的互动，这就要求企业要打造一个便捷的互动场景，让用户融入进来，互动才会进行得更加顺利。

2014年9月，蒙牛乳业联合奇虎360以及分众传媒，在全国范围内进行了一场"精选牧场纯牛奶之打劫精选牧场"的互动营销活动（图7-3），就很巧妙地将互动融入到了场景当中。

图 7-3　蒙牛"打劫"精选牧场活动

用户只要使用安装了最新版本 360 手机卫士的手机，扫描电梯口分众传媒液晶显示屏上的广告二维码，就能够参与摇一摇活动。活动设置了几个不同的象征物，有牛粪、方巾、紫花苜蓿、萌牛、牛奶等，对应了不同折扣程度的优惠券，最高可以免费，中奖率 100%。中奖后，用户只要进入蒙牛幸福动车商城，或是蒙牛天猫旗舰店，便能够兑换奖品。

通过摇一摇，摇出收音机可以知道精选牧场里的奶牛是听音乐长大的；摇出方巾可以了解到一牛一巾的饲养措施。总之，蒙牛精选牧场的独到之处都能够通过这次的互动营销得到充分的展示。

借助 360 手机卫士的庞大用户基数，以及分众传媒的覆盖优势，该活动开始当天参与人数便高达 50 万人次，截至 2014 年 9 月 4 日，短短 4 天时间，便已有超出 1600 万人次参与其中，其后每天都在以近千万的人数暴增，活动彻底结束时，参与人数已经破亿，一举打破了牛奶行业多年来的营销纪录。

蒙牛能够打破同行业营销纪录的原因有二：一是它的这种全新的广告投放方式与用户的实际生活更为接近；二是深刻的营销互动的转化效果明显要区别于传统时代简单粗暴的信息传播方式，更能够激发用户的参与感。

在此之前，分众传媒为楼宇视频增加了免费急速 WiFi 功能，用户只要在分众液晶显示屏附近，就可以享受到免费 WiFi。分众通过这种方式增强了与线下用户的互动，同时也为蒙牛的"打劫"活动降低了参与门槛，提供了便利。

蒙牛很好地利用了人们在等电梯等生活中的时间间隙，使人们摇一摇就能够抽到优惠券，不仅打发了无聊的时间，还享受到了货真价实的优惠，比起很多在路上扫码送礼物的互动形式，要自然许多。

在观看某一戏剧或是电影时，我们经常会说"这个场景代入感很强""这个场景导演设计得很违和"等，一个个场景能否连贯起来，并且给人一种顺理成章、浑然天成的感觉，将会直接影响到观众对戏剧和电影的观感和评价。品牌与用户互动的过程也是如此，一个设计合理、代入感强的互动场景，对于吸引用户和增强黏性来说起到的作用将是无法估量的。

比起在路边扫码，在路上收外卖也是一件尴尬的事情。在前文中，我们列举了星巴克的"Mobile Pour"服务，当你走在路上突然想喝咖啡的时候，只要打开 App，允许应用获取你的地理位置，点好想要的咖啡，然后继续走路，就会有人在最短的时间内将咖啡送到你面前。然而虽然说并不打扰用户原本正在进行的诸如逛街的活动，但是当街收到外送咖啡，还要进行支付，无论是刷卡还是现金支付，总是觉得有些违和，而且会影响到用户的出行速度，这与星巴克的初衷是相违背的。

因此，星巴克基于"提供更加优质的场景化服务"的原则，对服务进行了升级，推出了会员语音支付功能。在用户订购的过程当中，星巴克系统会根据用户的声音进行自动识别，判断该用户是否为手机绑定的会员帐号的主人，如果答案是肯定的，那么当星巴克的配送人员将咖啡送到距离该用户一米范围的时候，系统就会自动完成支付环节。从头到尾需要用户做的，便是说出咖啡的需求，接下咖啡，向派送员说声谢谢，仅此而已，绝对不会影响到你正在进行的活动。

另外，星巴克还会根据用户的性别选择不同的配送员，如果你是美女，便会让帅哥来配送，反之亦然。可以说，星巴克所做的一切场景化升级，都是为了让用户与企业的互动更加自然、更加顺畅。

马云曾说，任何一个消费者极致简单的背后，都有着一种非常复杂的商业逻辑。因此，经营企业要先有商业逻辑，依据逻辑构建试验情景，然后才是技术、平台、功能和产品。场景化的互动更容易赢得用户的喜爱，黏住用户，并且更加有利于产生持续的商业变现。那么，企业如何才能打造出便捷的互动场景呢？

首先，要注意场景的碎片化。

在移动互联网时代，用户的整体购物时间变得越来越少，工薪一族大都是在中午休息时打开淘宝，浏览商品，然后收藏一件自己中意的商品，等到下班之后利用支付工具迅速完成支付。同样，在等车、地铁或者公交上，甚至是在超市购物时，只要用智能手机对着自己喜欢的商品的广告二维码扫一扫，便可以获得商品信息，最终完成支付。在社交关系上，基于对熟人的信任，人们越来越喜欢购买那些好友推荐的商品，因此从某种程度上来说，朋友圈晒图成为另一个购物的碎片化场景。

2014 年 4 月初，阿里巴巴集团先后联合十几家纸媒，在报纸上推出了"淘宝码"，这样，纸媒读者在读报时只需要用"手机淘宝"轻扫二维码便可以在手机上直接查看产品的购买页面，然后通过淘宝和支付宝完成下单购物和付款环节。阿里巴巴这一活动使得报纸成为散布在城市中各社区和家庭的商品柜台，占领了用户随机的阅读时间，在用户阅读时为其提供一个消费场景。

场景法则的核心在于能够从用户的习惯出发，贴合用户购物需求，这样只要是用户感兴趣的产品场景都能够转化为消费过程。

其次，构建场景的过程要自然。

自然的场景不容易被用户看出企业背后的营销目的，这样也更利于让用户接受。360 手机卫视只会在收到流量不足提醒短信时引导用户去购买流量包，这种流量包购买的场景构建就显得十分自然，用户可以欣然接受。但是手机助手每天会不停地给用户推送各种下载 App 的通知，让众多用户十分反感。因此，场景的构建应该顺理成章，让用户在需要或者适合的条件下来触发，而不是不断地强迫用户接受某种场景。

最后，构建场景时要多利用外部触点。

众所周知，当下的手机 App 软件出现了井喷式增长，很多用户的手机中安装了大量的 App，但是人们常用的只有极少几个。在这种情况下，一些 App 内即使设计了十分完善的场景构建体系，但是因为用户不主动使用，这些场景也不会对用户的习惯产生影响。如何来触动用户的使用场景呢？最好的方式是利用外部触点。

位置信息、通知栏信息、手机短信都可以作为场景化的触点。例如，利用银行账单的短信来构建一个分期付款的场景；利用机票短信构建一个订目的地酒店的场景；利用缴费短信构建一个移动支付的场景。

当下，场景已经成为众多互联网企业的竞争焦点，谁能抓住场景，谁就能够在竞争中获得压倒性胜利。因此，互联网企业必须重视场景的打造，为用户提供自然且可接受的场景。

落实分享与体验

著名的企业管理学教授沃伦·贝尼斯曾言，任何运营的本质都应该是形成一个有效的商业闭环。在第 6 章我们提到过，支付是完成线上线下交易闭环的最终环节，但如果放到整个商业模式中来说，只有当支付能够带来新的交易时，才算是完成了整个商业闭环。

社会生产总过程包括了生产、分配、交换、消费 4 个环节，形成一个循环。而人类社会想要不断进化发展，还需要从消费到再生产，甚至是进一步扩大再生产。大到整个人类社会，小到一个企业都是一样。企业只有落实了分享与体验，吸引新用户进行消费，或是老用户进行二次消费，才能够不断发展壮大。

作为一个拥有 130 年历史的传统企业，全球平均每天有 17 亿人次的消费者在畅饮可口可乐公司的产品。据统计，每一秒钟，可口可乐的饮料产品便会售出 19400 瓶。即便如此，堪称全球第一大饮料厂商的可口可乐，也十分注重分享与体验。

2012年,可口可乐在澳洲推出了一款"姓名瓶身"的可乐瓶(图7-4),将瓶身原本印有可口可乐标志的部分,替换成了150种澳洲最常见的名字,吸引了很多消费者第一时间去购买印有自己名字的可乐。同时,可口可乐还推出了为消费者定制可乐瓶的活动,通过商场或Facebook上的征集,将消费者想要的内容印在瓶身上。

图 7-4　可口可乐姓名瓶身

2013 年夏天,可口可乐在中国效仿当初在澳洲的营销手段,虽然碍于中国人名字的特殊性,并不能够推出印有名字的可乐,但可口可乐公司还是另辟蹊径,推出了"昵称瓶",将空出来的商标部分写上了"白富美""天然呆""高富帅""邻家女孩""大咖""纯爷们""文艺青年""小萝莉"等昵称,并且在每个昵称瓶上写到"分享这瓶可口可乐,与你的＿＿＿＿＿＿。"

这种昵称瓶很好地迎合了中国的网络文化,被广大网民"一见钟情",一时间,几乎所有喜欢可口可乐的人都开始去寻找专属于自己的可乐。可口可乐公司还与很多游戏、动漫厂商等合作,推出了更有针对性的个性昵称瓶，不仅掀起了购买热潮，而且在社交网站上得到了广泛的传播。

可口可乐的这场成效被评为年度十大经典营销案例之一。其成功显示了线上线下整合营销的巨大力量。首先，品牌在社交媒体上传播事件；其次，网友们在线下参与购买属于自己昵称的可乐；再次，拿到昵称可乐的消费者会返回到社交媒体上进行讨论，从而促进传播的推广。这样一个连贯的过程，使得可口可乐实现了立体式传播。

除了"昵称瓶"活动，近年来可口可乐公司开展的分享活动还有很多。在线上，有包括"分享可口可乐，分享我们的歌""阿福阿娇来拜年"等用户互动活动；在线下，可口可乐组织的分享活动更为频繁，如"可乐瓶户外促销"，以及以"Hug Me(拥抱我)"为主要形式的全球"开怀畅饮"活动，旨在让用户学会享受休闲时光，分享快乐。

与可口可乐类似，星巴克也一直都在用户的名字上做文章。在咖啡杯上写上用户的名字，一来防止拿错杯子，二来也加入了一些人文化的个性元素。但很快就有人发现，为什么总是会把这么好拼的名字写错？

抱着好玩、生气、郁闷的各种心态，这些被写错名字的用户开始在社交网站上晒出他们的咖啡杯，星巴克也由此获得了免费的宣传。星巴克甚至还推出了一个"自黑"视频，坦率地承认拼错名字就是为了让大家把杯子拍照发到社交网站上去。一时间，娱乐的性质就更浓了。

于是，写错的名字被人们津津乐道，更有甚者还会因为好奇自己的名字会被写错成什么样子而特意跑去买咖啡，这就为星巴克引来了大量的用户。至于那些百里挑一而被写对了的名字，自然更值得去网上晒一晒了。

品牌与自身用户之间形成互动，充其量只能够算是自 High，能够通过这种互动，影响到更多的潜在消费者，让更多的人加入到互动之中，才是上上之策。而想要达到这样的效果，就需要企业不断落实分享与体验，不仅让产品做到有用，还要做到好用，甚至好玩。通过与一部分用户的交易与互动，吸引更多的消费者购买或了解品牌。

松下电器是日本著名的跨国性公司，其出品的家电和数码产品在过去的很长一段时间里，都是很多中国消费者的首选，在全球范围内也享有很高的知名度和美誉度。然而，近些年来，随着中国国产品牌的崛起，以及众多竞争对手对体验模式的不断升级，此消彼长，服务体验上始终持保守姿态的松下电器在中国市场的竞争力大打折扣，度消失在人们的视野中。

松下电器中国市场运营负责人曾经固执地认为，中国消费者越来越重视高端生活，因此，只要松下电器始终保持高端产品的出产，就不会被市场所淘汰。然而，在业绩不断下降的事实面前，松下电器终于意识到，中国消费者不再是盲目追求高价格、高科技产品，不再只看品牌和价位，而是将体验需求放到了更重要的位置上，只有在达成了体验认可后，才会做出购买决定。

这种情况下，松下电器空有高端产品，却不能够给消费者创造满意的体验机会，不能够让他们触摸到产品，与产品形成行之有效的互动，体会到高端性能的绝妙之处，那么再好的产品也形同虚设，毫无竞争力可言。

没有体验就没有购买和分享，没有分享就没有新的购买，即便再"高大上"的产品投放到市场上，与博物馆或是科技馆里的展品也无异。因此，松下电器洗心革面，卷土重来，将日本的"松下·智美体验空间"复制到了上海，在上海环球金融中心，开通了松下电器第一家中国 CLUXTA 女性 O2O 体验馆（图 7-5）。

图 7-5　CLUXTA 松下·智美体验空间

　　与松下电器在日本本土的线下体验店相类似，CLUXTA 体验店在中国也全方位引进了松下电器最新、最前沿的原装进口产品，消费者可以通过试用的方式，尽情体验。

　　在松下电器体验店负责人的设定中，CLUXTA 更多的功能是为用户提供纯粹的服务和体验，而不是销售。然而，不可否认的是，前所未有的畅快体验也确实为日薄西山的松下电器再次赢得了良好的口碑，从而间接地推动了松下电器在中国市场的复兴。

　　通过一系列的线下体验店，松下电器将技术与消费者体验紧密结合，从而成功打破了僵局，获得新生。仅仅一个开馆一月有余的上海体验店，便间接促成了上万件松下电器的线上成交量。

　　人类是群居动物，具有社会属性，必然要与各种人之间形成关联，一款能够建立分享的产品，不仅能够满足用户的社交需求，同时也能够为企业积累更多的潜在用户。当然，一切分享都需要建立在体验的基础上。当用户拥有好体验，并进行广泛分享时，用户黏性与品牌口碑都会自然而然地建立起来。

用利益"绑架"用户

古人云，"天下熙熙皆为利来，天下攘攘皆为利往"。逐利是每个人的天性，当有利可图，并且来源正当的时候，几乎所有人都会追求利益。因此，无论是建设企业公众号，与"粉丝"互动，还是建造用户归属感，其实质都是给用户以支持品牌的理由，而想要获得用户支持，最简洁有效的方式还要回归用户最原始的诉求，那就是做到物美价廉，让利于用户。

互联网企业最常见的营销方式就是平台合作、线下互动、宣传路演等几种，而电商平台上最常见且最容易被祭出的"杀手锏"还是以"用户至上"为核心的抽奖、返利、打折等让利政策。

从 2009 年以来，"双十一"购物狂欢节的销售额能够逐年递增，2015 年更是创下了 912 亿元的最新历史纪录。当然不是因为阿里巴巴或是马云创造了这样一个听起来很好玩的节日，而是因为在"双十一"时，用户在天猫或是在淘宝上购物，能够享受到实实在在的折扣和优惠。

折扣让利这一手段由来已久，很多企业都会在特殊的时间里进行促销活动，来吸引消费者的购买。伴随着移动互联网的发展，市场竞争日益激烈，O2O 等新鲜理念层出不穷，为了吸引消费者，各大企业开始猛打价格战，试图通过烧钱补贴让利等手段逼退对手。小米手机能够成功闯入智能手机领域，也离不开对用户的让利。

手机行业价格普遍虚高，很多"跳楼大甩卖""史上最低价"等类似的让利活动，虽然给消费者一些折扣，但力度并不大，消费者并没有享受到什么实际的优惠，商家让利的空间依旧很大。针对这一点，雷军提出了"让利'粉丝'，用不赚钱的方式去赚钱"的战术，创立了小米。

小米一直以来的口号，都是"为发烧而生"，因此，小米也始终坚持做高配置、高性能的智能手机，必须拥有一流的系统、一流的软件和硬件。显然，为了能够达到这样顶级的配置，小米手机必定造价不菲，按照同等性能的手机报价，小米的价位应该在 2500 ~ 3500 元。

然而为了能够让更多的"发烧友"、"粉丝"、消费者能够有机会使用小米的产品，雷军将小米手机的定位定在了极其接近成本的 1999 元。同价位的手机里面，小米手机的配置是最好的；与同性能的手机相比，小米手机又是最便宜的。如此高性价比形成的商业壁垒，不仅让众多手机厂商为之头疼，也为小米"圈"来了不少忠实用户和"粉丝"。

2015 年小米 Note 顶配版预热爆料时，大家对其价格进行多方猜测，雷军也爆出了 3299 元的定价，但是在 5 月 6 日的发布会上，最终公布的价格仅为 2999 元（图 7-6），比预期价格再降 300 元，这样的价格在同配置里可以说是绝无仅有。

这种颠覆性的，近乎零利润的让利营销，成果十分显著。第一款小米手机上市仅一个星期，便成功实现了对国内手机市场的抢滩，一跃从榜上无名变成了中国市场手机品牌第九名，国产手机第一名。其搜索热度甚至达到了同期 iPhone4s 的 2/3，迄今为止，还没有任何一个手机品牌能够在真正意义上同苹果相抗衡。

图 7-6　小米 Note 顶配版最终定价 2999 元

而且，除这一价格让利之外，小米还通过同中国联通、中国电信等运营商合作，推出了用户预存话费免费用小米手机的又一免费模式。再配合小米不定期的微博互动派送等让利活动，小米手机在 2014 年的年销量已经达到了 6112 万台，即便每台只有几十块的微利，小米仍然能够实现几亿元的营收。这便是品牌营销达到一定程度所形成的势能。

另一方面，当小米品牌聚集了足够多的"粉丝"和忠实用户时，小米旗下的其他产品，如电视、路由器、小米手环，甚至是小米的周边产品都得到了青睐。

2015 年"米粉"节时，小米官网更是打破了"单一网上平台 24 小时销售手机最多"的吉尼斯世界纪录。根据小米官方统计的数据显示，小米公司在当日累计出售手机 211 万台，小米电视 3.86 万台，小米路由器 7.9 万台，智能硬件设备 77 万个，总支付金额突破 20.8 亿元。

所以，企业必须明白，品牌与用户之间早已不再是传统的商对客的简单关系，而是一种基于产品和服务的合作关系，企业只有用双赢的思维，为用户做出利益让渡，让用户得到足够的利益，用户才能死心塌地地使用你的产品，并且乐于为你的产品做宣传。

2014 年各种 O2O 项目如雨后春笋一般生发出来，有的如昙花一现，有的则成为了名副其实的明星。生活类 O2O 项目一直都是人们关注的焦点，也是创业和投资的热点，阿姨帮能够成为众多社区生活类 O2O 中的佼佼者，除了要感谢创始人万勇的敏锐的商业嗅觉，最应该感谢的便是它的让利模式。

与一般的创业者不同，阿姨帮创始人万勇在创建阿姨帮之初，就将阿姨帮的目标用户分成了两部分：一部分是接受服务的用户，主要以北京中高档小区的 25 ～ 35 岁的年轻白领为主；另一部分是提供服务的用户，即优质的保洁阿姨。

在创业时，万勇发现，当前市场上保姆这一品类服务的行情不是特别好，传统的家政保洁公司会从小时工里抽取提成，有时几十块钱的一单生意，能够分到阿姨手里的钱只有十几块，而如果不让公司抽成，又很难找到工作。

与之相对的，是用户方面。当下很多家庭都对家政阿姨有需求，尤其是很多年轻的白领家庭，在不知根知底的情况下，请到的阿姨良莠不齐，偶尔碰到一个很合心意的，下一次家政公司派来的就是另一个人了，遇到干活很糟的情况，向家政投诉，公司方面也只会推脱说下次换一个好一点的，但下次来的是什么样的人还是无法保证。

基于这两点刚性需求，万勇决心做家政 O2O 创业，并开发了"阿姨帮"这个软件。曾经任职于奇虎 360 的万勇，从 360 杀毒软件以免费打开市场的实战中，总结出了产品运营的智慧：先抑后扬，先亏后赚，让利用户。因此，从本质上讲，阿姨帮是款既能够帮用户快速找到满意的小时工，同时又能解决阿姨们找工作难等问题，帮她们赚更多的钱的三赢型软件。

阿姨帮所做的就是打破家政需求者与提供者之间信息不对称的状态，用户下载阿姨帮的手机 App 以后，便可以通过"查找附近的阿姨"功能，看到经过阿姨帮几轮考核、筛选出来的保洁阿姨，并且可以根据阿姨登记的信息、其他用户的真实评价等做出选择，然后直接电话联系阿姨，获取服务（图 7-7）。而阿姨们则免去了被传统中介剥削的命运。同时，阿姨帮平台上充足的订单需求也能很好地保证阿姨们随时有钱赚，当然，前提是阿姨们必须保证自己的工作质量，赢取雇主的好评。

图 7-7　阿姨帮官网预约界面

从 2013 年 8 月上线开始，阿姨帮在几乎没有做任何推广的情况下，便在短短 3 个月内，迅速聚集了 3 万多用户和几千个保洁阿姨，其中，周订单达 5000 左右，阿姨好评率高达 98%。

当然，让利用户，并不是让企业做只赔不赚的买卖。从小米和阿姨帮的例子我们就能够看出，在这样一种基于利益互动的双赢甚至三赢模式下，产品已经不是企业唯一的盈利点了，赢利模式在向着更加多元化的方向发展。

将眼前利益让于用户，与用户形成更深的捆绑关系，进而获取更加稳定而持续的长期利益，才是企业生存和发展的上上之策。

让用户拥有参与权

我们一直在强调，做企业、做产品，要从用户的角度出发，针对用户需求，解决用户的痛点，提升用户的体验，而这一切都要建立在对用户有着充分了解的基础上。除了用户，没有人更了解用户真正想要的是什么。

在传统商业时代，企业用来了解用户想法的手段，最为主要的是调查问卷和试用报告两种形式，但受到形式的限制，前者往往不能够得到用户最真实的想法，后者所能覆盖的用户数量又太少。那么，如何才能以最简单的方式明确用户的需求呢？那就是让用户拥有参与权。

小米 10 万人的互联网开发团队，就是对参与互动的最佳写照。任何一个小米用户，甚至非小米用户，只要对小米的改善存有意见或建议，都可以通过微博、微信、论坛等各种渠道，参与到小米完善的过程中来。这种独特的运作模式让"米粉"有了很强的存在感，就好像自己真正参与了小米公司的工作一样。这种做法是在潜移默化地培养用户对小米公司的参与感，进而增强用户黏性。

迄今为止，小米共收集到上亿个关于 MIUI 的用户反馈（图 7-8），帖子如果打印成纸张，甚至可以环绕地球一圈半。也正是因为这种坚持让用户参与进来的做法，使得小米的产品始终保持着强大的市场黏性。无论是软件还是硬件，其体验感都是一流的。

图 7-8　MIUI 四格体验报告

为了给用户带来更好的体验感，而不是偏离用户需求的盲目摸索，在每一个产品设想出炉之时，小米的设计团队都会将关于这一产品成熟的或是不成熟的想法放在论坛上，与最忠实的那部分"米粉"进行讨论。讨论后汇总出用哪些功能最被用户喜欢、哪些不够好、哪些功能正广受期待。并且探讨好的功能如何才能做得更好、不够好的如何改进、备受期待的应该如何去做。

也正因如此，小米每推出一款产品，都能够引发抢购热潮，几分钟内就能销售一空，同时，不论外界怎样抹黑或诋毁小米，"米粉"都能够做到不离不弃。用雷军的话说："你觉得一个厨师会认为自己做的菜难吃吗？你觉得一个造型师会认为自己精心设计出来的造型很恶心吗？"

一般情况下普通用户是无法参与到电子产品的设计中的。当某个

"粉丝"成为志愿者可以将自己的意见反馈给研发者，研发者觉得这个建议很不错，于是将这个想法体现在产品中，当这款产品上市时，这位"粉丝"肯定十分自豪，因为这款产品中的某一部分是自己的想法的成果。接下来他肯定会自己去体验，甚至邀请自己身边的人体验。这时，品牌的黏性就表现出来了。

就像雷军所说的，厨师不会吃不下自己炒的菜，造型师不会觉得自己的造型很恶心，同样的，用户自然也不会觉得自己参与设计的产品不好，那样无疑是对自己的否定。而且，在集思广益之下打造出来的小米产品也确实十分符合用户的体验需求。所以，小米正是凭借着激发用户参与感的方式，成功找到了打造用户体验感终南捷径。

小米公司负责营销业务的黎万强曾经无数次强调，小米就是在兜售参与感。这种思想实际上是小米通过前期的市场观察和探索，锁定了用户的欲望和需求，建立起了以用户为核心的推广模式。在这种推广中，小米涉及的不仅仅是产品，还有一种满足用户的欲望和需求的服务，这种需求和欲望正是小米一直强调的参与感。

当用户通过互动参与到产品设计和企业建设的过程中时，他对于这款产品的满意度会更高，对品牌所产生的感情也更加浓烈。

源自意大利风格的家居品牌"意大利·诺维家"成立于 2002 年，由意大利注册建筑师 Larry、中国注册建筑师 David 及中国香港注册建筑师 Ben yueng 联合创办。

诺维家早期只是从事建筑、装修和家具方面的设计工作，后来应顾客需求，创办了"LOVICA 诺维家"整体衣柜品牌，并在 2012 年荣获了"2012 中国整体衣柜十大品牌"的美誉。

作为一个比手机行业更讲求"体验感"的传统家居企业，诺维家也是较早提出体验式销售的家具品牌之一，可是，市场竞争的残酷让它难以杀出重围。

2010 年，在 O2O 模式刚刚传入中国之时，诺维家终于抓住机会，在行业内率先提出了"全屋家私定制"这一全新理念，做出了营销上的突破，从与竞争对手的价格大战中脱身而出。

为了让用户感受到比现场体验更具吸引力的契合感，并且满足用户的个性化需求，诺维家斥巨资开发了"云诺 4D 全屋装修设计软件"，并号召所有家居爱好者与诺维家一起做产品。

登录云诺 4D 全屋装修设计软件，用户便可以从诺维家的大数据库中选择产品样式，并结合个人的性格、偏好等元素，与设计师进行实时沟通，全程参与到"自己家"的家具设计和打造之中，成为产品真正的参与者和决策者。诺维家也因此成为了国内家居界第一个让用户引导品牌走向的 O2O 探路者。

如今，以"在用户帮助下，做中国最好的衣柜"为信念的诺维家，在同用户深度合作的过程中，已然形成了包括"优秀水准""发展""服务""设计""顾客"等七大内容为核心的品牌价值观。与此同时，诺维家也正在被越来越多的消费者所认可，其品牌的势能正在以中国为核心，向周边国家，乃至整个亚洲扩散着。

对于大多数企业而言，目标用户与核心用户通常都是普通人，他们往往希望得到企业的尊重，参与到产品的研发和设计之中，从而获得成就感和参与感。如果能够培养出这样的感觉，"粉丝"会自然而然地将自己视作企业、品牌这个大家庭中的重要一员，形成品牌黏性。

然而，当前一些企业虽然意识到了与用户互动的重要性，但在培养"粉丝"时陷入了一个误区，误认为生硬的广告和公关活动做得足够优秀，就能够吸引大量的"粉丝"。

事实上，当下传统洗脑式的营销变得越来越难，广告和公关公司绞尽脑汁想着怎样打造出一种新模式或者为企业指导一次营销的时候，却发现这些生硬的广告和公关已经没有人在意了，更不要说以此来培养用户、吸引"粉丝"。

相反，那些抛弃生硬的广告和公关，用一种真诚的态度对待用户的企业则培养出了用户的参与感、增强了品牌的黏性，原因在于用户反感广告和公关，但他们并不会拒绝企业充满诚意和尊重的邀请。

著名运动鞋品牌耐克曾经推出了一项 NIKE ID 的业务，让全球的耐克用户大呼过瘾：所有用户可以通过游戏的形式在耐克的官网上 DIY 设计自己鞋子的鞋帮高低、鞋底气垫、鞋带颜色、鞋面材质，甚至连 LOGO 的位置都可以随意更改（图 7-9）。这次活动吸引了世界各地的耐克用户的参与，同时耐克公司惊奇地发现，用户充分发挥自身的想象力随意拼凑出的鞋子，无论是款式还是质量都绝不逊色于专业运动鞋设计师的设计，同时这项活动也为设计师们带来一个重要信息：用户的真正需求在哪里。

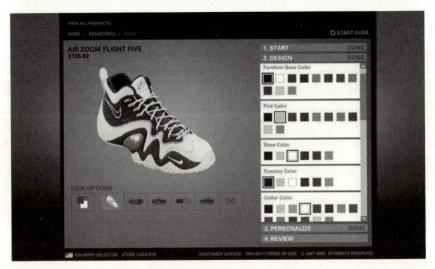

图 7-9　NIKE ID 的 DIY 页面

通过这些信息，设计师脑洞大开，设计出更多款式的鞋子。同时对于耐克的用户来说，这种形式让他们记住在耐克的官网上自己曾经DIY 了一双世界上独一无二的鞋子，自己曾经当了一次设计师，这样的体验谁想起来不会激情澎湃呢？

耐克的 DIY 设计鞋子活动，本质上是一次完美的推广、营销活动，但是它避免了传统营销的洗脑感，让用户参与鞋子的设计过程，培养了用户的参与感，有了这样愉快的体验，用户下次选购运动鞋或者亲朋好友选择运动鞋时，他们也会主动推荐耐克的鞋子，这就是一种用户黏性。

事实上，当下众多企业采取各式不同的活动，最终目的都只有一个，那就是通过各种各样的优惠和互动，打造出用户和"粉丝"的参与感，一方面可以鼓励优秀用户提出自己的看法和创意来帮助产品进行改进，另一方面也能够培养起用户黏性，并对潜在用户产生一种积极影响。

总之，人非草木，孰能无情？通过互动为品牌和产品注入情感，这份参与感与成就感，会让品牌成为用户心中与众不同的唯一。

第 8 章

体验塑造
——必须牢牢地抓住用户的心

在同质化竞争异常惨烈的今天，创业者想要在商业竞争当中脱颖而出，仅仅依靠产品的别致显然是难以取得成功的，只有在细节上做到极致，将服务与体验同产品一起，做到同步升级，才能牢牢抓住用户的心，让用户死心塌地地留下来。

用户体验是一个大门槛

在企业运营中，越来越多的经营者都在发出这样的疑问，我的服务绝对一流，我的产品质量优越，可是，为什么我的用户却仍然在日益减少？是对手太强了，还是我们太弱了？

事实上，既不是对手过于强大，也不是我们太过弱小，而是我们的思维比互联网进步的步伐慢了半拍。移动互联网时代，产品和服务的质量的重要性毋庸置疑，然而，更需要注意的是，随着 DT 时代的到来，越来越多的用户所重视的关键正在由服务质量向一线体验而转变。

对于 IT，我们已经非常熟悉了，它是信息技术（Information Technology）的英文缩写。而 DT 则是数据处理技术（Data Technology）的英文缩写。马云曾经在 2014 年 3 月的一场大数据产业推介会上说，"人类正从 IT 时代走向 DT 时代"，并且肯定地强调，"从 IT 时代到 DT 时代，企业成功的关键将在于用户体验"。

"用户体验"一词最早被提出，是在 20 世纪 90 年代，是由用户体验设计师唐纳德·诺曼所提出的，其英文为"User Exqprience"，简称 UE 或 UX，是一种用户在使用产品过程中建立起来的纯主观的感受。因此，从某种意义上讲，用户体验是一种纯主观的感受，是在用户接触产品，或是服务的过程中，形成的一种综合体验。

以淘宝电影为例，淘宝电影不仅能够为电影爱好者提供丰富的正在热映的电影售票业务，还能够为用户提供即将上映的电影咨询信息，包括预告片、高清海报、剧照，以及电影票预约服务（图 8-1）。

图 8-1　淘宝电影在线选座和半价优惠

在淘宝电影上，用户不仅能够享受最低 9.9 元的超低折扣价格，还能根据个人意愿，在线选择座位。下单后，只需要在电影开始之前去电影院的淘宝取票机输入订单号和验证码，一分钟内即可完成取票，比线下购票要节省大量时间。

猫眼电影或是糯米电影等各种电影 O2O 产品都是一样的道理。在没有这些产品之前，我们看电影又是怎样的一种流程呢？通常是直接去现场买票，到了影院才知道有什么影片在放映，最近的一场在什么时间，还有哪些座位可供选择。

与线上购买的体验相比，线下消费的体验可以说是相形见绌。通过在线购票，用户可以预先知道所有想要了解的信息，什么电影在上映、排片时间怎样，每一场还剩下哪些座位可供选择。可以更早、更方便地选择电影的场次和座位，免除赶到电影院票已售空的尴尬，更可以省钱、省时。这就是产品给用户带来的优质用户体验。

当然，同样是在线购票选座的方式，不同影院的流程和配套设施与服务的不同，也会给用户带来不一样的用户体验，电商企业也是一样。网购虽然给用户带来了很大的便利，但是用户在购物时只能够凭借图片、文字描述以及其他用户留下的评价进行判断，没有办法获得切身的体验，势必会造成误差，这些误差最终将会影响到用户未来的购物选择。

因此，如何通过优质的服务和切实的用户体验来吸引更多流量，并且成功将这些流量留下来，便成为当下企业和创业者都必须深思的一个问题。

体验经济时代的大门已经向我们打开，无论是线上强的互联网企业，还是线下强的传统企业，能否让用户获得一份一流的服务好和体验，已经越来越成为影响企业成败的关键。

与其等别人用全新的服务和体验将自己的用户抢走，远不如企业自己革命自己，用突破换得破茧重生。只有一次次打破常规的体验惯性带给用户超越预期的惊喜，用户才能将更多的目光聚焦在你的身上，才肯将更多的钱消费在你的企业身上，企业才能更具竞争力和生命力。

2013年，海尔联手美乐乐，打造了全国首家一站式家居体验店，作为一家综合类生活家居广场，海尔美乐乐家居广场能够为消费者提供集家装设计、家居体验、配送安装于一身的一站式家居购物体验。

与传统家装行业运营方式有所不同，海尔美乐乐家居广场从家电、家居到家饰、家具一应俱全，能够满足消费者一站式的购物需求，从根本上消除了家装市场普遍存在的品类单一、价格不透明、质量无保障等问题。

海尔美乐乐家居广场还为消费者提供个性化的设计体验。无论是线上还是线下，消费者都可以与设计师咨询互动，根据个人喜好提出相应的需求。根据这些需求和实际的居住环境，设计师团队会设计出一整套个性化、专业化的配套产品与服务。

除此之外，海尔美乐乐家居广场还向消费者提供按约送达、送装同步的配送服务，以及智能升级、甲醛测试等个性化增值服务。

为了完善体验机制，类似海尔美乐乐家居广场的这类线下实体体验店，近年来相继涌现。早在 2011 年，阿里巴巴就已经在线下开设了"淘宝·爱蜂潮"体验店，2014 年，亚马逊在纽约曼哈顿第七大道开设了第一家实体店，以及同年 11 月，京东在北京开设了"京东帮服务店"等，都是为完善服务和体验机制所做的努力。

美国未来学者阿尔文·托夫勒在 1970 年所著的《未来的冲击》中做出了预测。他认为，经济发展已经经历了农业经济、制造经济和服务经济，在此后，体验经济将会成为最新的发展浪潮。

农业经济时代，土地是最重要的资本，随着制造经济的到来，人们不再关心土地本身，产品成为企业获得利润的主要来源，进入服务经济时代以后，原本作为产品附属的服务，一跃成为主要的利润来源，产品变成了企业提供服务的平台。体验经济时代来临，对于服务的要求更上一个层次，不仅要有服务，还需是个性化的体验。

创建于 1995 年的美特斯邦威（以下简称美邦），一直致力于打造"年轻活力的领导品牌，流行时尚的产品，大众化的价格"的品牌形象，深受年轻消费者的喜爱。然而近年来，迫于市场的压力，美邦也开始谋求转型的道路。

2013 年，美邦董事长周成建开始着手将部分线下店铺由直营店改造成 O2O 新概念体验店（图 8-2），并将独立运营了两年的电商平台"邦购网"收回到上市公司体内。于是，用户可以通过邦购网查看产品、预约试衣，到店后有店员帮助完成服装搭配。不想提着大包小裹逛街，还可以选择将衣服快递到家里，同样也可以在网店下单后，到实体店自提。

图 8-2　美邦体验店内一角

　　除此之外，周成建还将这些体验店彻底重新装修，每个城市的风格各不相同，每家店也有不同的主题。并且店内设有书吧、咖啡吧以及花园露台等休闲设施，方便顾客休息，同时提供免费 WiFi。

　　周成建希望通过这样一种店铺升级的方式，将文化背景植入到美邦的定位当中，彻底改变美邦在国人心中的旧印象，让美邦从一个普通的服装品牌，转化为一种生活方式，让消费者重新认识美邦。

　　此外，美邦也在积极为品牌定位的转变做准备，通过这样的 O2O 模式，可以收集到大量的后台数据，从而了解消费者的消费喜好，并以此为依据进一步对产品做出调整。

　　虽然这样一种模式并没有马上将美邦从逐年下滑的业绩中拯救出

来，但毫无疑问，体验经济时代的大门已经向我们开启了，正如同美国经济学家约瑟夫·派恩二世和詹姆斯·吉尔摩在《体验经济时代》中所写的那样，人们正迈向体验经济时代，体验经济终将取代服务经济。无论是互联网企业还是传统企业，都在向体验经济这一模式演进。"互联网+"真正的门槛就是用户体验，谁能够迈过这道门槛，谁就能够在移动互联网时代拔得头筹，获得新生。

体验的出发点是用户需求

传统企业与互联网企业，以及新兴的创业企业，都已经意识到，想要在空前激烈的竞争和淘汰中生存下来，最好的办法就是通过高人一等的服务与体验，制造出与竞争者的不同之处。

那么，什么样的体验才能够让用户眼前一亮？换一种说法，用户究竟迫切地想要得到怎样的体验呢？

一个人在逛街的时候，起初只是无聊闲逛，并没有购物的意愿，但是当偶然进到一家店里，遇到一位服务周到细致的导购，推荐了一款衬衫，就有可能最终达成购买。但如果假设这是一位单身女性，而导购推荐的衬衫是一件年轻款的男士衬衫时，这位闲逛的用户还会因为服务体验好而购买吗？

事实上，绝大多数用户在决定是否购买某一件商品的时候，都会问一个很简单的问题，那就是：我需要这件商品做什么？或者说，这件商品能够给予我什么价值？这个问题如果得不到解决，购买便很难实现。因为体验是建立在用户原始需求的基础上的，只有当体验与原始需求相匹配时，才能够吸引用户。

从 2013 年下半年开始，京东便紧随着阿里巴巴、百度等互联网巨头的脚步，开始了自身的 O2O 布局。2014 年 3 月，京东 CEO 刘强东对外宣布："京东零售业务将与万家线下店铺相结合，基于 LBS（位置服务），帮助用户以最便捷的方式找到最近的店面完成购物，然后由线下的便利店直接送货上门。"

对此，刘强东进一步解释道："不得不承认，京东目前在平台流量上还比不上阿里巴巴，所以，我们还不足以吸引服务类的产品入驻。然而，京东的 O2O 是否有竞争力，并不是靠单一的平台流量决定的。在目前看来，实物类的 O2O 平台还是一个空白，用户需要这一服务，而京东更有信心做好这一服务。"

客观地讲，京东在 O2O 领域的布局比其他国内巨头都要晚，动作幅度也并不算大，但依托于对用户需求的准确把握和自身强大的物流配送服务能力，在充分利用了市场需求和自身优势的基础上，京东的 O2O 业务平台却拥有极强的稳定性。

所以百度创始人李彦宏才会说："需求才是产品设计的关键，用户需要什么，什么就是最好的商机，而且，一定要记住，用户需求是在时刻变化着的。"事实就是这样，一个模式在某一地域或某一领域取得成功后，并不代表着它便适用于任何情况，在这个处处彰显个性化的时代，一旦用户的需求发生根本性转变，那么，再精美、再有技术含量的好产品也都会成为废品。

随着信息技术和移动互联网的深入发展，人本精神越来越受到企业的重视，以用户为中心的用户体验，因此被称为"企业创新 2.0"模式的精髓，同时也是俘获用户的一大重要杀手锏。小米"粉丝经济"的成功，也恰恰证明了这一点。

在小米服务之家，有个不成文的规定，不论有多忙，都不能让任何用户的等待时间超过 15 分钟，一旦发现问题在短时间内无法解决，则必须明确告知用户一个精准的时间，绝对不能浪费用户的宝贵时间。

另外，小米服务之家还推出了"1 小时快修敢赔"服务，凡是小米维修人员 1 小时之内没有将其产品修好的用户，便可以得到小米 20 元的时间赔付费。目的是让用户感受到维修服务"非常快"的体验。

在精心的设计和不计成本的打造之下，小米服务可以说是同类售后服务部门中的佼佼者，即便是苹果的售后服务部门与小米服务之家相比，无论是舒适度还是美观度等，也要略显逊色（图 8-3）。

图 8-3　北京小米服务之家

更重要的是，如果你认为小米服务之家不过尔尔，或者以为小米服务之家只是为小米的既定用户服务，那你便大错特错了。即使你还没有购买任何一款小米产品，当你置身于小米服务之家中，你也会发现，能接受的服务仍然很多。

例如，咨询非小米手机的一些常见故障，解决 Android 系统的突发问题，体验和了解小米产品，甚至在雨天去借伞，在需要时借用他们的打印机等。小米服务之家所提供的服务，远超于普通的产品售后服务网点。

在雷军和黎万强等人的设定中，小米服务之家的定义只是纯粹的服务和体验，而不是销售。然而，不可否认的是，其如此极致的服务也确实为小米赢得了更好的口碑，从而间接地推动了小米产品的销售。

2015 年 3 月，雷军宣布，小米将在印度开设至少 100 家体验店，同样是不销售产品，仅用于为印度消费者提供体验小米产品的机会。用雷军的话讲，营销是急不来的，只有当体验做足时，购买力才会随之而来，水到渠成。

比尔·盖茨曾说，判断一家公司是否伟大，并不在于它缔造了多少富翁，或是创造了多少市值，而是看它真正给用户带来了多大的价值。

恰如盖茨所言，唯有能够创造足够多用户价值的企业，才能衍生出无限的商业价值。遗憾的是，当下的很多企业都没有意识到这一点，他们并不在乎用户的真正需求和体验感。

例如，在一些城市的出租车后座上会挂着一些液晶显示屏，乘客一上车便会被无休止的广告"袭击"着眼球和耳朵，体验感极差，甚至让人产生一种再也不想坐这座城市的出租车的感觉。

这些广告投放者虽然在一定程度上实现了广告推广的效果，但无法达到将广告听众转化为真正消费者的终极目标，结果自然注定是徒劳的。只有关注用户需求，才有机会打造出完美的用户体验。

2015 年 6 月，天猫成功召开了家装 2.0 战略发布会，开启了对智能家装行业的全面进军，力求提供无死角的安装服务，从大件家具到家装建材，家装过程中一应品类的安装服务都不在话下。为此，天猫推出了"喵师傅"App，搭建商品的"长途运输线、同城配送、送货入户"一体化的服务模式。

　　物流与安装是消费者在线购买家居建材的最大痛点所在，据资料显示，超过一半以上的消费者曾经因为网购家装商品不提供送货入户和安装服务，而放弃了购买。如果不能够克服这一瓶颈，线上家装就难以与线下竞争。因此，天猫在家装2.0战略发布会上宣布，联合商家与菜鸟网络，整合家装供应链，为用户提供一站式解决方案，并通过"喵师傅"App，确保服务质量和用户体验。

　　从设计、测量、施工，到送货入户、上门安装以及售后质保，力求为消费者打造包括"假一赔五、送货入户、无忧安装、三年质保、先试后买、全屋定制、未来家、抢先购、极致装修套餐、狂享家"在内的十星服务（图8-4）。用户只需要在家里动动鼠标，就可以坐等服务到家，免去了一切困扰。

图 8-4　天猫家装免费上门安装

　　天猫家装通过线上的流量优势，能够帮助商家实现销售效率的提高，同时能够给消费者提供一个更低的价格。并且通过与线下传统品牌的合作，成功搭建了线上成交、线下服务的闭环，不仅能为线下企业扩大成交半径，也能够为线上企业提升服务能力。

在天猫开通了送货入户上门安装业务之后，华日家居 2015 年第一季度销量同比增长了 320%，董事长周旭恩表示："送货上门并安装服务解决了消费者网购家具的难题，提升了购物体验，并提升了品牌影响力和信任度，转换率和综合服务指标也在不断上升，并且积极响应了天猫家装的三年质保服务承诺。"

目前，天猫"送货入户、无忧安装"的范围，已经覆盖到了全国 2108 个区县，超过 94% 的商家提供此项服务。随着"喵师傅"App 的推出，从下单到安装完毕的整个过程，均可以进行跟踪记录，实现了整个信息链的掌控及服务保障。

互联网时代下，企业想要得到长足的发展，就必须在用户体验上下功夫，而正所谓"好钢要用在刀刃上"，在用户体验上下功夫，势必要以用户需求为出发点，方能事半功倍。正是从用户需求入手，天猫家装才能够让消费者获得绝佳的用户体验。

就"互联网 +"时代而言，全新的产品设计带来了更多人性化的操作和体验，也使移动互联网时代的竞争核心开始流向用户体验的溢价。创业者如果不能牢牢地盯着用户，以用户需求作为出发点提升操作体验，而是像过去一样死死地盯住竞争对手，一定会"死"得很惨。

超预期才能产生体验感

俗话说："人比人得死，货比货得扔"，虽然是告诫人们不要相互攀比，但事实上，生活中很多情况都要两相比较，才能够分出孰优孰劣、孰轻孰重。至于比较的参照物，其实每个人心中都有一杆秤，砝码就是自己的心理预期。

假如在你生日当天，身边的朋友或同事不仅没有准备礼物，甚至连一句祝福都没有，仿佛只是平常的一天，而在你度过失望的一天之后，又在下班的时候迎来了大家为你悉心准备的生日派对，你会喜极而泣。为什么会有这样的效果？就是因为这个派对完全超出了你的预期。

不会有人因为太阳东升西落而惊叹，因为这就是常识。用户体验也是如此，当你的产品和服务能够满足用户原有的心理预期时，只能说是一个合格的产品，却无法引起用户的尖叫，只有超出用户预期，才能够产生体验感。

当然，超出用户的预期并不是一件简单的事情，超出用户的预期之前先要把握用户的预期，把握用户预期之后才能为用户打造出超体验的感受。小米手机迅速聚集大量"粉丝"，背后运用的就是这一逻辑。

在小米手机研发时，有合伙人建议雷军加大宣传力度，但被雷军拒绝了。在雷军看来，在产品还未成熟的情况下做过多的宣传，会让用户对未出世的产品产生过高的预期，即使产品达到了这个预期，用户也会觉得理所当然。相反，在产品成形之后，低调推出产品，让用户体验超出本来的预期，反而会获得良好的口碑。

于是，在创立小米科技时，雷军并没有像那些高调的创业公司那样迫不及待地宣传自己的产品和技术，而是默默地搞技术研发，并要求大家做好保密工作。

当研发团队将小米的第一款产品做出来之后，雷军并没有走上大力宣传、打广告的老路，而是带领一堆人在几个用户活跃度比较高的论坛里发了几个帖子，结果很多人觉得那款产品很强大，于是小米拥有了自己的第一批"粉丝"。单单是这款产品在论坛上的快速传播，就使得该产品红遍网络，甚至一个美国博客网站提名让雷军为其做年度产品。

为何一个产品能够得到如此大的反响呢？原因就在于用户事先并没有期待，或者说是期待很低，结果雷军的产品充分满足了其预期，结果这些"米粉"很乐意将产品分享给身边的人，从而小米的"粉丝"队伍不断壮大。

小米这种前期不声不响，后期远超用户预期的推广方法不仅节省了大规模市场营销的费用，还能使小米团队看到自己产品的真正吸引力。正如雷军所说："在互联网上创业的公司，刚开始时重要的不是大规模地做市场营销，而是尽量了解、降低用户的预期，专心做好产品，让产品说话，这样才能赢得用户的口碑。"

对于小米公司的做法，奇虎360公司创始人周鸿祎十分赞同，在周鸿祎看来，只有超出预期的体验才叫体验，不能超出预期的体验，只是一种简单的心理感受。

周鸿祎说："我们去饭店吃饭，然后付账走人，这个过程叫作体验吗？肯定不是，因为这是必需的环节，没有任何特殊化。体验必须是超出预期之外的，如去别的饭店是刷卡打折，去某家饭店则是刷脸打折，越漂亮折扣越多，这才是体验。"

为此，周鸿祎还以自己的两次亲身经历为例，解释了什么叫作"超出预期"。一次，周鸿祎去拉斯维加斯出差，在他退房离开酒店的时候，这家酒店的门童恭敬地递给他两瓶冰镇矿泉水，并且示意是免费送给他路上喝的。这个微小的细节让周鸿祎在很多年后仍然牢牢地铭记在心，后来几次前往拉斯维加斯，他所选择的都是那家酒店，从未换过。

按道理说，客人已经完成付款，证明消费已经结束了，而这家酒店还能够为客人提供额外的免费矿泉水，从而超出用户的预期，这就是其取胜之道。同样的，在国内众多酒店中，周鸿祎也发现了一个喜欢打"服务牌"的企业，那就是汉庭酒店。

汉庭酒店是所有国内酒店中第一个为用户提供超预期服务的，在汉庭酒店，你会在每个房间中发现 5 种枕头。这 5 种枕头当然不是为 5 个人准备的，而是为了让用户根据个人喜好，选择其中一款最有助于睡眠的枕头，从而保证睡眠时的舒适度。可以说，任何一个第一次入住汉庭酒店的人，都会因此而感到惊喜。也正是因为这种超预期的服务，多年来，汉庭酒店始终保持着极高的用户口碑，其用户的复住率也是国内同行业者中最高的。

鉴于这一认知，在周鸿祎看来，360 当时以"毁三观"的免费政策从竞争激励的杀毒市场中脱颖而出，之所以能够在其他杀毒软件纷纷执行免费之后仍然能够保持持续的竞争力，就是因为 360 能够给用户带来超过预期的体验感。

这种体验感，最初是免费的软件居然比收费的软件还好用，后来是 360 的服务够管用，只有用户想不到的，没有 360 不能为用户提供的，包括 360 浏览器、360 手机卫士、360 云盘、360 随身 WiFi 等，都是走的"超预期"路线。其中，最具代表性的应该是 360 开机小助手，当你打开计算机时，小助手便会提醒你，你的计算机的开机速度击败了全国多少计算机，继而建议你继续保持，或是进行优化。

人们总是有这样一种奇怪的心理，请朋友吃饭不会吝惜上千元的餐费，但对餐巾纸一包收费一元常常不能接受；购买计算机用了几千元并不觉得很贵，但是一个杀毒软件要收一两百元，就觉得不太平衡。

这些细节是企业容易忽视的地方，但也是用户十分在意的地方，虽然看起来不合逻辑，但是这就是用户的心理。这种预期并不是很容易能够把握的，但是如果抓住了这些细节，就能够打造出极致的用户体验。

当然，除了通过了解并降低用户的心理预期来达到超预期的体验，在无法确切把握用户的心理预期时，还可以通过将体验打造到极致的方法，给用户带去超预期的体验。

国人大多都有过生日吃蛋糕的习惯，因此，不少创业者看中了烘焙这个市场，然而，电商渠道、物流等切入点都已经被先行者所占据了，因此，想要在这一领域突围而出，后来者居上，就必须要拿出一些与众不同的东西。

2013年，在互联网领域摸爬滚打多年的吴滋峰决定用自己的互联网思维，去打造拥有良好的毛利率和重复购买率的烘焙行业，做一款极致蛋糕。为此，吴滋峰先是创办了烘焙O2O品牌卡思客进行试水，随后才正式推出了同样走"线上销售＋中央厨房＋自建物流"模式的极致蛋糕（图8-5）。

图 8-5　极致蛋糕购买页面

极致蛋糕推出了包括2小时送货、信用购买、星座爆款以及极具风险的货到付款等一系列的服务，可以说，每一项服务都十分极致，并且得到了用户的好评。

对于烘培电商行业而言，这样的指标可以说是一个巨大的挑战。

不过极致之下带来的市场效应却不可小觑。以星座蛋糕为例，目前，星座蛋糕的日订单量在 1500 份左右，即便价格比市场要低许多，其价位仍然能够达到 58 ~ 100 元，收益仍然十分可观。

不得不承认，互联网时代的市场已经不再是企业、厂商为主导的天下了，用户才是真正的市场主导者，只有用极致的精神打造出完美的服务体验，把用户"伺候"好，用户才能对你青睐有加。而想要追求极致，我们便必须像海底捞信息部部长冯海龙一样，时刻提醒自己："完善是没有底线的，提升是没有止境的，任何细节都能深入发掘出一个极致的爆点！"

当下，有很多成功的案例都在证明，如果你能够将服务体验做得远超过用户的预期，而不仅仅是及格和良好，你的产品就有机会形成很好的口碑，并且被用户广而告之。

例如，在普通的饭店吃饭，吃完饭我们并没有特别的感觉，仅仅是填饱了肚子而已，这时我们选择在这家餐厅填饱肚子，还是在那家餐厅填饱肚子在本质上是一样的。但是，在海底捞就不一样，在其他的餐厅你可能会讨厌等位，但在海底捞，因为等位时有免费的美甲、梳头发、擦鞋、洗眼镜服务，相比于一般餐厅的等位，这些服务就超出了用户的体验，在同等条件下，用户自然更加乐意去海底捞吃饭。同样的道理，同样是牛腩，在雕爷牛腩家吃饭可以享受到极致的服务、经过精心处理的食材和独具特色、极具体验感的餐具，在这里吃饭就是一种超出预期的体验。

超出用户的体验，才能叫作真正的体验，不论是传统企业做跨界产品，还是创业企业做新产品，都一定要抛弃陈旧思维，将用户体验当成核心目标，这样，企业不仅可以培养一批忠实的传播者，还能不断积累用户和实力。

重视细节与个性化

古人有云："天下难事，必作于易；天下大事，必作于细。"想要打造超乎寻常的用户体验，除了要求创业者具备极致精神，还需要从细节入手，做到"走心"。

柳传志曾经说过，很多时候，即便我们无法在某一环节上做到无可挑剔，但只要我们在细节上能够给予用户一种真诚、真挚的感情，用户也会被企业的产品和服务所感召，从而忠诚于品牌。事实的确如此，不管是过去还是现在，细节都将决定未来。

从 2007 年以来，iPhone 掀起的热潮一直都没有褪去，每年推出的新款产品，都能够引发消费者的抢购热潮，而新品在尚未面市之前，其新功能也一直是各方津津乐道的头条。

为什么苹果产品能够有如此高的用户忠诚度？就在于苹果对于产品的每一个细节都有着极高的关注度。

乔布斯的传记中记有这样一个例子，说乔布斯有一天给谷歌高管打电话，认为谷歌地图的图标影响了 iOS 的美观，原因是这款图标在放大了很多倍之后，第三行第一个像素颜色不对。

作为乔布斯的忠实崇拜者，雷军曾经重金悬赏，就为了找到一张适合小米手机的壁纸。如果说这在众人眼中已经是很不可理喻的一件事了，那么乔布斯传记中记载的这个案例，可以说已经达到了变态的程度。

虽然这个例子看起来很极端，有人甚至会认为，这样小的一个细节谁会注意到呢？就算有人注意到，也是无所谓的事情。然而有一个人注意到并且在意了，这个细节就会一传十、十传百，被越来越多的人在意。企业和品牌的"千里之堤"，最终就会溃于这样一个小小的"蚁穴"。

1997 年，雷军为了让深陷泥潭的金山集团重新扛起中国软件行业的大旗，制定了"以战养战"策略，推出了金山影霸。在进行了市场观察之后，他对金山影霸进行了一个细节上的改动，加入了自动播放的功能。这个看似不起眼的小功能，为广大用户带来了极大的便利，从而使金山毒霸广受市场欢迎，阻止了金山的颓势。

当下，很多创业型公司只有在召开产品或服务讨论会的时候，才会探讨如何完善用户体验，而一旦离开了会议室，所谓的用户体验就都被抛诸脑后。这样又如何做出优秀的产品和体验呢？须知真正的体验感，都是蕴藏于产品和服务的具体细节之中的，只有处处留心，才能真正地发现问题、解决问题。

一直以来，餐饮业都是一个让人又爱又恨的行业，很难做好，一旦做好却又回报率极高，因此，无数"互联网+"创业者都将触手伸向了这一领域。其中，门客甜品店能够突围而出，其战略制胜点就在于对线上的谨慎，以及对细节的良好把握。

作为一个中高端餐饮 O2O 品牌，门客的模式非常简单，与 21cake 等蛋糕品牌一样，它也同时拥有自己的线上平台和线下体验店（图 8-6）。之所以不叫"线下店铺"，而叫"体验店"，是因为门客的实体店内仅仅有两张小桌子，加上门外也只有 4 张桌子而已，甚至根本就不是用来盈利的，而单纯是为了制造用户体验。

为了将体验感提升到最高，设计师出身的门客创始人戚宇东对体验店的每一个细节都进行了严格的规划，小到一个店内餐具、包装盒的选用，大到店内装潢，都有设计的时尚元素融在其中。

戚宇东曾坦言："门客店内的蛋糕成本其实并不高，真正赋予其价值的就是线下带给用户切实的体验感。"总结起来，门客为提升用户体验，对体验的细节做了如下深耕。

图 8-6　门客线下体验店

首先，坚持对原料选材的把控。门客的最突出特点还是它的选材，其材料全部来自国外进口。在戚宇东看来，作为一家餐饮店，坚持口味与质量是根本，绝对不能因为部分材料没有明显口味差别而偷梁换柱。那样只能省下一点小钱，丢失一群客户。

其次，不断提升物流配送的附加价值。普通的物流只管配货送货，将蛋糕送到用户的手中即结束。门客则不同，门客的物流人员会根据蛋糕种类和口味的不同，为用户选用最佳储藏和食用方式，甚至为用户提供配酒建议等。

最后，将宣传单、产品的包装、店面的设计发挥到了极致。仅仅是一张简单的产品宣传单，戚宇东也会亲自进行每一行文字和每一个图案的选择和搭配。金色和黑色是门客唯一使用的颜色。

互联网是一个浮躁与稳重频繁更替的行业，在纷繁复杂的 O2O 圈子中，"走心"的理念和设计往往能够给用户带来更好的体验感，从而抓住用户的眼球，让用户流连忘返。

而想要做到"走心"，除了在单一细节上下功夫，还需要将所有细节串连在一起，形成一种个性化的特色，从而给予用户一种超越常规的额外选择。随着市场经济的不断发展，用户在体验消费场景的时候，对千篇一律的东西早已经渐渐失去了最初的猎奇心理，他们正越来越多地期待得到不一样的体验感。

在摄影已经泛化为任何人都可以从事的一门"艺术"时，在各种美图工具的帮助下，只要懂得一些简单的构图技巧，每个人都能拍出相对不错的照片。然而，想要拍出真正让人心动的好照片却并不简单，饱和度、色温、对比度、色彩层次，以及前期准备、摄影环境，乃至后期加工，任何一个环节都不能有丝毫马虎。所以，为了降低成本，包括嫁拍、约拍等摄影平台都采用标准化服务，而月亮盒子却出人预料地选择了个性化路线。

在月亮盒子拍摄照片，摄影师会根据用户的具体要求，以故事为主线，拍出用户心目中最理想的照片，如通过几张照片，阐释两个人从初识到热恋的过程，阐述几个好兄弟的创业历程，讲述闺蜜们亲密无间的故事等（图8-7）。总之，每个人在月亮盒子都能找到属于自己的一份体验。

图8-7　月亮盒子网站上线发布会

另外，在摄影师方面，月亮盒子也坚持在标准化的基础上差异化。目前，月亮盒子平台上的摄影师价格分为3000元、6000元、9000元3个等级，具体又会根据摄影师的资历、服务能力，以及接单数量等有所不同。所以，用户完全可以针对个人需求，寻找不同等级的摄影师进行拍摄。

目前，入驻月亮盒子上的摄影师大多为一些业内的知名大咖，其中便包括的时尚摄影师张弘凯，以及与著名时尚杂志合作的摄影师凌代军等。这些明星级摄影师的存在，也为月亮盒子为用户提供个性化摄影提供了强有力的保证。

日本的摄影史上的著名摄影奇才福原信三曾在《摄影道》中这样写道：摄影不应该是千篇一律的造型，而应该是一种个性美的绽放，每个人都应该通过相机与胶卷的结合，记录下最特别的自己。

不仅仅是摄影，用户置身于任何一种消费场景之下，所期待得到的，都应该是一种基于同级别的，满足自身具体需要的"特殊"服务。而个性化的诉求也不仅仅是用户体验的要求，更是创业者在跨界的红海中让自己的产品和品牌脱颖而出的重要战术。尽管当下的市场乱象横生，但只要能够让自己的服务和体验变得个性起来，让用户体验一次之后还想再次体验，那么品牌也就无须担心无法站稳脚跟的问题了。

海尔集团CEO张瑞敏曾表示："传统企业必须要从过去的'打固定靶'向'打移动靶'乃至'打飞碟'的方向转变。"在传统经济时代，受到技术和观念的限制，每一位消费者拿到的产品都是一样的，享受的服务也是一样的，但碎片化、个性化的需求一直都存在着。互联网技术的普及和发展，只是让这种趋势得以集中爆发。

当然，有一点创业者必须铭记，个性化不同于个人化，再完善的商业模式也不可能做到为每一个人都能提供完全符合其个性的生活体验。追求体验的极致是对的，但倘若在个性化上过分地追求极致，便会让企业运营陷入到差异化的误区中来，最终非但不能形成个性化体验的生态聚落，反而会让自身的品牌陷入"四不像"的境地，惨淡收场。

和用户一起做，一起玩

庄子与惠子在濠水上的一场辩论，引发了人们关于"子非鱼"几千年的思辨，正如惠子对庄子的发问一样，对于用户体验而言，企业不是用户，设计师不是用户，产品经理不是用户，我们又如何知道用户的所思所想？

过去，很多人都在强调换位思考，让企业学会站在用户的角度思考问题，或是鼓励员工成为用户，用切身体验来帮助产品改进。但其实，这些做法终究还是过于迂回了一些，最直接的方法，就是邀请用户与企业一起做，甚至是一起玩，在这个过程中一步步完善用户体验。

普拉哈拉德曾经说过："'公司中心'型创新方式已经消亡。相反，消费者正凭借独一无二的个人经历在创造价值的过程中发挥着越来越大的作用。"小米公司成立5年来，一直都在不断提升参与感在实践中的深度和广度，为了能让用户更好地参与到价值创造的过程中，做了很多尝试。不仅带动线上的参与度，也引爆线下的参与感。

为了更好地促进"米粉"与企业之间以及"米粉"和"米粉"之间的交流，小米公司策划了"爆米花"线下活动。"爆米花"系列活动包括了官方每年组织的几十场见面会、用户自发组织的500多场同城会，以及每年年底的"爆米花年度盛典"。

"爆米花"最初的想法来源于车友会，在购车的过程中，以及购车之后，很多人都会泡论坛，根据论坛里其他网友的推荐，选择适合自己的车，在这个过程中会结识很多朋友，大家也会组织线下的聚会。

用户购买手机的过程和买车有相似之处，同样会货比三家、看配置、看口碑。对于小米用户而言，小米手机不仅仅是能打电话、发短信的通信设备，更是一个可玩性高、值得交流的产品。因而小米公司就效仿车友会，也建立了一个让喜欢"玩"的用户展示自己和认识新朋友的舞台。

"爆米花"全程都是由用户参与主导的。举办地点在论坛投票决定，现场表演的节目和人选是在论坛里海选完成的，布置会场也有"米粉"志愿者参与其中，活动结束后，小米团队还会和资深"米粉"一起聚餐交流。

每年年底的"爆米花年度盛典"（图8-8），小米公司会把一些"米粉"从全国各地邀请到北京，举办一场盛会。小米公司的创始人和团队主管都会到场，和"米粉"一起玩游戏、拍照片。除此之外，还专门为资深"米粉"制作VCR，请他们走红毯，为他们颁奖。通过这些活动，"米粉"群体中也有了属于自己的明星。

图8-8　爆米花年度盛典颁奖典礼

这些与众不同，打破传统的活动，引爆了小米用户线上线下的参与感。黎万强说："我们和用户一起玩，不管是线上还是线下，无论是什么时候，我们都在想，怎样让用户参与进来，让他们和小米官方团队一起，成为产品改进、品牌传播的'大明星'。"

正如前文所言，体验的基础必须是用户的原始需求，也只有从用户的基本需求出发，品牌才能做出真正让人满意的体验感来，然而，用户并不是在任何情况下都能够清楚地知道自己真正的需求是什么。

在汽车尚未出现之前，有人做了一个关于出行速度的问卷调研，人们给出的答案大多是：我需要一匹更快的马。那么，用户真正的需求到底是什么呢？是"马"，还是"更快"？

用现在的眼光来看，毫无疑问，"快"才是用户的最终需求，但用户的表达往往词不达意，因此，只有深度与用户互动，才能够深入挖掘用户的想法。当用户群体由于无意识的认知时所做出的最终选择，才是最符合这一群体的行为方式，才呈现出一个最为优化的结果。

在众多传统家电还在按照原有的规格和模式生产着中规中矩的家电时，海尔集团又率先打出了"我的冰箱我设计"的口号（图8-9），在这项活动开始不到一个月的时间里，海尔集团就收到了100多万台定制冰箱的订单。不但如此，海尔集团还根据各个地区用户的不同喜好打造满足其需求的冰箱。

为了达到最大程度地调动用户参与到品牌建设中来，海尔集团运用互联网思维整合了全球的研发平台。在这个平台上，用户只要提出自己的个性化需求，就会自动形成一个研发需求。这些研发需求背后是强大的外部科研资源，以及对设计饱含兴趣的业余人士，他们会为冰箱设计提供出最全面的建议，供用户自行选择，这样就形成了从个性化需求到研发满足的闭环，使得海尔能够在第一时间满足用户的需求。

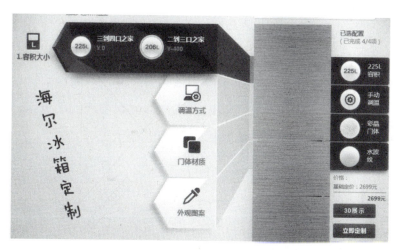

图 8-9　海尔个性化冰箱定制界面

此外，海尔集团还专门成立了企业内部的创新产品孵化平台——海立方。在海立方，海尔的消费者群族可以与海尔集团内部的创新研发团队进行互动，向他们提出自己的意见和期望，甚至与研发团队一起设计能够改善生活品质的创新产品。此外，海尔集团还拿出一部分资金向用户购买其关于家电产品的创意，通过这些创意和需求，生产出更好的产品，实现企业的获利。

海尔集团利用申报的方式，通过已有的资源进一步培育内部和外部更加具有竞争力的产品，率先打造出一个开放的创新平台，将用户拉进自己的研发过程，使得集团海尔摘掉了传统制造业的标签，变成一个互联网思维主导，与用户合谋的创新企业。

线上线下需要连接，同样的，用户与品牌之间也需要连接，只有在连接中才能真正彰显出品牌不一样的体验和价值，诞生出更多的可能。

因此，不断激发用户的参与感，满足用户越来越强烈的"介入现场"的心理诉求，充分给予用户施展"个人能力"的空间，并且帮助其抒发"影响世界"的热情，企业想要成功便也就不再是难事了。

无论是 O2O 还是"互联网+"，不论商业模式发生怎样的变化，其终极目的都是提升用户体验。移动互联网时代，谁能够更快地推出更加贴近用户的产品，谁就能够拔得头筹。而想要产品贴近用户，最好的办法就是先让企业到用户中去。

就像苹果 CEO 蒂姆·库克所说的，这是一个任何东西都在飞速发展的年代，在这个没有太多耐心，更容不得丝毫等待的时代里，只有让用户能够与品牌玩儿到一起，你才能更了解用户的真实需求，打造出更好的体验，让用户更加倾心于你的产品。

第9章

流量引导
——借助平台流量挖掘人气

流量是互联网企业估值的重要依据，也是企业竞争的关键点，有流量，才有关注度，有关注才有转化，才存在商业变现的可能。

流量思维正在取代销量思维

移动互联网经济催生了全球商业产业的剧变。以零售业为例，无论是山田电机、百思买这样的传统线下零售企业，还是亚马逊、当当网等前几年势头红火的线上电商，都已无可避免地陷入了困境之中，或是持续亏损，或是收入下滑，总之，能够像阿里巴巴那样仍然处在上升期的企业少之又少。

这样的产业变化昭示着一个时代的终结，或者说是一种思维——"卖货"思维的终结，在消费者越来越注重体验元素的今天，以往被商界寄予厚望的万货商场模式，正在逐渐走向衰败。

在互联网时代下，零售企业存在的价值已经不再是简单的卖货，而是转变为运营关系，或者说是与用户发生关联的频率与范围。从传统时代到互联网时代，再到移动互联网时代，商业正在经历一个用户觉醒的过程，在这一过程中，用户需要企业根据他们的需求的变化而进行变革。所以，企业也必须针对用户思维的变化更新自己的认知：销量思维已死，流量思维称王。

作为一个热门词汇，流量从互联网刚刚存在时就已经出现了，最开始发展的门户网站需要流量，客户端也需要流量，移动互联网产品更需要流量。当下，流量成为衡量一家企业用户标准量和其产品受关注程度的标准之一，也是众多互联网企业格外重视的问题，因为在互联网行业，流量是企业运营效果的保障。

流量不仅对互联网企业影响颇大，对于很多线下传统企业的发展也起到至关重要的作用。一家企业的产品即使拥有优秀的产品和模式，假如没有流量，它就没有知名度，也无法传播，在信息传递如此快速的今天，这种劣势对于企业的打击和影响无疑是致命的，因此，在"互联网+"的大背景下，大流量是每一家企业的本质追求。

2015 年 3 月，进入中国市场 10 年之久的亚马逊终于放下了"身段"，在阿里巴巴旗下天猫商城开通了亚马逊官方旗舰店（图 9-1）。

图 9-1　亚马逊入驻天猫商城活动试营业页面

亚马逊官方旗舰店主推进口直采业务，只经营 500 余种海外直采商品，与亚马逊官网上超百万种商品的体量自然无法同日而语，但是这 500 余款商品是在亚马逊的百万种商品中优中选优而产生的，可以说每一款都是爆品。

用亚马逊负责人的话说："在天猫开设旗舰店为亚马逊提供了更广泛和多样化的渠道，我们不期待能够将亚马逊上所有的商品都搬到天猫平台上，那并不现实，我们只是想让消费者通过这些比较好的产品的良好购物体验，享受到来自亚马逊中国的原汁原味的最好的海外直采选品，让他们更深刻地认识亚马逊，并来亚马逊尝试购物。"也就是说，亚马逊是希望通过这些爆款，借助阿里巴巴的本地化大流量平台为自己的官网进行导流。

艾瑞咨询发布的《2014年中国B2C购物网站交易规模市场份额报告》显示，2014年，天猫以61.4%的国内市场交易额排名第一，亚马逊则仅以1.3%的份额屈居第八。所以，亚马逊入驻天猫，无疑是在向流量"低头"，希望通过天猫平台强大的本地化流量，为自身的官网导流。

当然，在这次全球最大的电商平台与全球第一B2C电商石破天惊的合作中，除了唱主角的亚马逊得到了广泛的关注，天猫平台自身也获益匪浅。亚马逊的入驻势必会带来大量的国际品牌，这对于天猫国际化战略的实施有着不小的促进作用。

亚马逊凭借不破不立的姿态，看似向天猫"低了头"，但势必会换来未来的巨大飞跃。而在这当中，我们更应该看到一种思维上的飞跃，一种由销量思维到流量思维的进化。

流量对于互联网产品的推广和互联网企业发展的重要意义毋庸置疑，流量不仅仅意味着用户对某一款产品的关注度，从更深层次上说，流量也意味着企业拥有流量变现的可能，也就是说，有流量，企业才有利润。

正如印象笔记的创始人菲尔·利宾曾经说的，想让100万人为你的产品付费的最简单的方式是获得10亿用户。只有获得足够的流量，企业才能基于庞大的用户群体进行更深层次的操作。

美国的信息网站Alexa曾经对各大门户网站的访问量与经济价值进行了深入的分析比较，发现了一个十分具有借鉴意义的结论：某个网站的流量越大，该网站的商业价值就越大。这种价值最初表现在门户网站的广告费用上，这也就是说，一个产品，只有具有了流量，其潜在价值才可以被衡量，一般来说，流量越大，产品和品牌的商业价值就越高。

2010 年，移动互联网经过几年的酝酿，在全球逐渐热了起来，雷军认为这是一个千载难逢的好机会：移动互联网的发展，必然少不了移动终端的接入。在 PC 时代，QQ 强势占领了社交终端，阿里巴巴抢占了购物的终端。移动互联网将会有什么样的产品成为大杀四方的终端产品呢？在被微信一棒打醒之后，雷军认识到与其与这些有着庞大用户基数的产品抢占终端入口，不如将手机直接打造成一个大号的 QQ 或微信，这样就可以一举攻占天下。据说，在打算做小米手机之前，雷军能说出当时叫得上名称的所有手机的优势和劣势，经过这样一番分析之后，雷军认定拥有大屏幕的智能手机将是这个时代最大的机会。想到就做，2010 年小米科技公司成立，随后推出的小米手机异军突起，成为移动互联网终端之战中的一匹黑马。

可以说，在移动互联网时代，一旦掌控了移动入口即拥有了庞大的流量，而流量是所有商品变现的基础，有流量，才有钱赚。失去流量，则一切都无从谈起。正因为如此，每一个新的流量源头被开发出来之后，都会使一家企业成为行业的巨头。

"京东到家"是在 2015 年由京东设立的 O2O 项目，原名为"拍到家"，于 2015 年 4 月中旬正式更名为"京东到家"，并推出京东一元到家，抢占生活服务 O2O 市场。京东称，京东到家整合各类 O2O 生活类目，提供 3 公里范围内生鲜、超市产品、鲜花、外卖送餐等各类生活服务项目，并基于移动端定位实现 2 小时内快速送达（图 9-2）。京东还表示，京东到家可提供以生鲜及商超商品为主的上千种商品及外卖等服务。

图 9-2　京东到家 2 小时送达

京东做 O2O，一度被质疑为导入流量的工具，京东没有足够的优势，尽管京东的线上导流功能很强大，但其根本没有线下的实体支持，电商平台做 O2O 的最终目的是吸收线下的资源为我所用。的确，当线上的流量达到瓶颈时，获取线下的流量并导入线上平台，就是电商企业必须做的事情，将线下商家招揽到自己的旗下，既实现了线下的引流，又可以实现线上线下的一体化。

京东发展 O2O 业务的目的暂且不论，我们依然能够感觉到京东对流量和用户的重视程度。有了流量才有销量，这是任何一家企业都必须面对的事实，因此，企业只能不断地采取策略进行引流。

2014 年 9 月 16 日，传统家电巨头海尔集团突然宣布，海尔集团与中国石化销售有限公司（以下简称中石化）达成战略合作，未来将以同盟关系继续深耕家电市场。一个卖家电，一个卖石油，似乎是八竿子打不着的两家企业为何会出人意料地选择长期战略合作呢？合作公告上的一句话值得注意："双方试点在各自的门店销售对方的产品，探索门店互相加盟的商业模式。"

众所周知，近年来中石化持续布局，已经在全国 3 万多座加油站内开设了 2.3 万家"易捷"便利店，每天服务 2000 万人次。同时中石化还拥有超过 8000 万的加油卡持卡用户，这些用户背后所隐藏的，是大量的实体店流量。与其合作后，海尔集团便能够将这些流量资源中的一部分导入到自己的平台中来。

在此之前，海尔电器旗下的日日顺商城在全国建立了覆盖城市和农村的 3 万家店，并拥有 9 个发运基地、90 个配送中心和 17000 多家服务商网点。海尔集团通过日日顺线上商城和线下营销、配送、安装一体的庞大网络，使得日日顺的配送体系变成了一个完美的线下流量入口，可以很好地弥补传统电商公司的不足，在此种情况之下，海尔集团需要做的是强化线上引流功能，而与阿里巴巴的合作恰恰实现了这一点。

张瑞敏的战略思想可谓明智，作为传统家电企业的领导者，他很早就意识到流量对于企业发展的重要意义，因此他开始大力寻求合作，使传统的销量思维转向流量思维，这对海尔集团在移动互联网时代的发展具有战略意义。

对于当下的企业，尤其是创业企业而言，从销量思维到流量思维的转变，在移动互联网时代的竞争中具有划时代的战略意义。虽然有了流量也未必有销量，但没有流量便一定没有销量是不争的事实。

所以，想要让产品热卖，先将人气和流量建立起来才是关键，当流量积累到一定量时，便可以轻松地跨过企业生存的临界点，实现获利。

产品和服务是流量的触发点

流量虽不是万能的，但是没流量是万万不能的。按照目前国内市场的形式来说，虽然市场前景十分广阔，但市场竞争依然十分激烈，在没有流量的情况下，用户数量上不去，产品口碑打不响，既不能够被投资人看好，又难以得到市场的支持。

诚然，有不少企业通过购买流量的方式，制造出了表面的繁荣，进而吸引了更多的用户参与进来，但这种繁荣通常是暂时的。虽然短期内引来了大量用户，但是这些用户是否能够留住，这些流量是否能够变现，还是要依靠企业自身的能力。

这也就是说，企业固然需要流量，但更加需要流量的转化率，假如流量很大，但是用户的留存率很低，那么依然逃不开失败二字，因此，企业必须将流量转化和长期运维作为自身发展的重中之重。如何才能实现流量的转化呢？最好的方式是还是提供优质的产品和服务。

随着O2O的不断升温，社区服务类O2O市场也一片火热，单就家政这一个细分市场来说，就有58到家、云家政、阿姨来了、e家洁等数十家企业龙争虎斗。但这其中，当属阿姨帮一枝独秀，甚至在整个O2O领域，都称得上是当红明星。

与市场同类公司不同，阿姨帮是一家从阿姨的角度讲故事的团队。阿姨帮通过招募、培训专业的"家政阿姨"，统一礼仪和着装、统一工具和流程，打造出了一支专业性强、服务质量好的阿姨队伍。不仅仅让阿姨这个历来被看轻的行业有了很大的改观，同时也能够为用户提供高质量的服务体验。

与其他家政企业不同，阿姨帮不仅仅是个平台，更是家政队伍的组建者。在招聘到阿姨之后，阿姨帮首先会对其进行系统的培训，一方面经过专业体系的培训，新入职的阿姨能够更加适应岗位，另一方面也能够提高阿姨的服务技能，使阿姨帮平台上的阿姨队伍技能更加专业化、服务更加标准化。此外，对着装、工具、礼仪和流程等环节的统一，也让阿姨帮的服务格外与众不同。

阿姨帮还建立了阿姨数据库，详细记录了阿姨的年龄、擅长技能、接单状态、时间安排等信息，以便用户能够更快地匹配到适合的阿姨，为其提供服务（图9-3）。

图9-3　阿姨帮在线预约页面

阿姨帮创始人万勇曾说，阿姨帮的愿景和方向就是"家政服务第一品牌"，通过两年多的努力，阿姨帮已经覆盖了全国12个城市，注册用户数量超过400万，日订单数量也已经超过了万单。

根据第三方数据显示，阿姨帮App在所有家政类App中，拥有最高的下载数量和使用率。而从阿姨帮App上线至今，已经针对用户的反馈和建议迭代了42次。

阿姨帮之所以能够拥有如此大的流量和用户数量，与其优质的服务是离不开的。用一些较为新颖的概念，的确能够引来一时的流量，但用户购买产品或者服务，并不是为了创意或噱头，而是需要产品能够切实可行地为自己解决问题、满足需求。

在前文中我们也曾说过，用户只有获得了良好的体验，才能够对品牌形成忠诚度，同样，也只有在产品或服务能够真正满足用户，真正给用户带去良好的体验时，才能够形成稳定的、源源不断的流量。

2015年4月，Facebook公布的第一季度财报显示，Facebook的用户已经突破了14亿，甚至比我国的人口总数还多，从0用户到14亿，其创始人马克·扎克伯格做到这一切只用了10年时间。Facebook的用户增长为何如此迅速呢？在不同发展阶段，Facebook会针对不同的流量需求和运营能力，开放不同的功能，不断完善产品和服务。

第一，在获取新用户方面，Facebook十分注重用户体验。在上线之初，Facebook总是不断地对网页进行测试与优化，坚持实时测验网站设置对吸引与留存用户的影响。由于Facebook成立之初正赶上手机在哈佛大学校园中普及，学生们也有了对手机号码通讯簿的需求，于是，扎克伯格便借机将大量的学生资源吸纳到了平台上来。

第二，在用户激活方面，有了最初的流量之后，如果企业无法拿出有效的激活措施，那么，这部分流量便会随着时间的推移而流失，无法实现利益变现，以及通过"二度人脉"达到扩张引流的目标。所以，Facebook优化了首页，将原本复杂难用的页面设置得清爽而简洁，一下子勾起了注册用户的使用兴趣。另外，Facebook还根据学生的需求，开发了课程搭配功能，帮助学生探寻其他人的选课结果。扎克伯格还组织了用真实姓名和头像注册帐号，以及晒照片等活动，努力不让辛苦拉来的流量付诸东流。

第三，在用户推荐方面，扎克伯格深知口碑传播的重要性，Facebook初期的发展壮大，依靠的就是哈佛大学等名校学生好友之间的相互推荐。为了让用户能够更积极帮助平台进行引流，Facebook 添加了许多好友之间的互动功能，从而让老用户自发地为 Facebook 做宣传推广。

第四，在留住用户方面，为了让用户始终留在 Facebook 的平台上，Facebook 会在新用户完成注册的过程中关注至少 10 个老用户，这样，即便新用户尚未熟悉 Facebook 的功能，或者还没有添加好友，同样也能有精彩的内容可以看。这样，几乎不会浪费 Facebook 的任何资源，极大地提升了用户的留存率。扎克伯格还要求工作人员充分发挥电子邮件的作用，每当用户又获得了一名新的"粉丝"，或是有简讯被转发、收藏，都能在第一时间收到邮件提醒，将那些疏远 Facebook 的用户重新拉到平台上来。在重大社会事件发生时，Facebook 还提供了安全确认页面，当用户确认安全之后，Facebook 就会将该用户安全的信息推送给他的朋友们（图 9-4）。

图 9-4　Facebook 推送的安全信息

针对不同的流量，Facebook 推出了不同的功能和活动，十分有针对性地在锁住老流量的同时，引入新流量。可以说，产品自身的功能以及企业提供的服务，才是吸引流量、锁住流量的根本所在。

回顾 O2O 概念兴起的这两年，从 2013 年年末滴滴打车、快的打车火拼开始，到后来的红包大战，阿里巴巴和腾讯的入口争夺就没有停止过。入口是流量的入口，入口的争夺就是流量的争夺。但是与外卖大战一样，通过烧钱、补贴等形式吸引过来的流量，只能说是成功将用户的目光吸引到了这一市场上，打车软件培养了用户的移动支付的习惯，外卖平台也让人们渐渐意识到了另外一种生活方式，然而，当热度褪去，补贴额度降下来之后，用户将沉淀在那些服务品质高、产品质量有保障的应用或者平台上。

天涯论坛以全球最具影响力的论坛闻名于世，从1999年成立开始发展到2008年，逐渐奠定了自己在互联网行业中的地位。2008年年初是天涯论坛的鼎盛时期，因为"艳照门"事件的持续发酵和报道，天涯论坛的访问量持续走高，甚至比平时多了一倍，也就是说，每天的用户量比平时多了几百万人，这是一个相当庞大的用户流量，当时，天涯论坛甚至组织了几十人的执法部，24小时在线处理相关信息。

作为一个线上社区产品，天涯论坛的生存之本在于内容和流量，然而也许是太过成功，天涯论坛忘记了24小时为网友提供在线服务，或者为广大用户处理解答问题，这样的态度使得曾经活跃在天涯论坛上的广大用户开始感到不被尊重，进而感到不满。

因为服务的变质而错失了广大网友，天涯论坛再也没有像2008年那样红火过，伴随着微博、知乎等新型社区的诞生，曾经骄傲的天涯论坛，一步步走到了今天的落寞境地。

在移动互联网时代，想要为自己的产品进行推广，想要为品牌实现流量导入，根本方法还是精心打造产品和服务，为用户提供优质的体验。因为用户一旦觉得产品和服务的体验不好，就会对企业和品牌产生质疑。在这样一个产品层出不穷，技术日新月异的时代，一旦用户产生了这样的想法，企业就相当于永远失去了这个用户。

做私人定制的个性化导流

既然好的服务体验能够为企业带来大流量，那么，什么样的产品和服务体验才能够称得上是优质呢？在第8章中我们曾经探讨过，做体验要以用户的需求为出发点。然而海量流量意味着海量的用户，正所谓众口难调，想要有一款产品或是一个服务标准让所有人都满意，难如登天。

不仅仅是因为互联网和其他科技的发展，进入21世纪以来，个体的发展越来越被大众所关注，消费者的自我意识得到了空前的觉醒。人们的关注点，逐渐从"有什么"，转变为"要什么"。因此，个性化的消费需求刺激了个性化的商业模式的发展，私人定制作为对个性化的最为极致的追求，随着以"90后"为代表的新兴消费群体的崛起，也越来越受到众人的追捧。

服装行业可以说是与个性化定制最为密切相关的行业。最初的服装都是量体裁衣的，裁缝根据测量出来的尺寸进行制作，不同的人有不同的做法，可以说每件衣服都是一件个性化的商品。

然而随着20世纪中叶出现的"成衣"概念，裁缝店慢慢地变成了工厂，服装逐渐开始了大批量、工业化的生产。私人定制则逐渐走向了高台，进入了奢侈品的行列，尤其是手工定制的西装，历来都被认为是身份的象征。

作为中国民族服装品牌的开拓者和先行者，红领时刻谨记以用户需求为核心，历时11年创造性地提出了MTM（量身定制）服务，将量身定制服务和流程化生产结合在了一起。就像是在赛百味买三明治一样，你的西装完全由你自己做主。

用户打开红领西装的"私人定制"网站，根据配图提示即刻自行选择不同部位的面料和样式，甚至每条缝衣线的颜色，22 个尺寸足以满足任何身高和体重的用户。在极大地满足了人们的个性化需求的同时，也避免了可能造成大量囤积的千篇一律"尾货"产品的出现，在 O2O 时代完成了一次华丽的蜕变。

在红领的工厂（图 9-5）里，生产流程高度标准化，但是生产的产品却是高度个性化的。每个工人都在计算机前，流水线上的每个产品都带有储存了用户信息的电子磁卡，当产品到达某位工人面前时，刷卡就能够在屏幕上显示出用户对这件衣服的要求，工人再根据这些要求完成自己所负责的部分。红领的流水线上流动的不仅仅是一件件的产品，更是一位位极具个性化的用户。

图 9-5　红领集团酷特智能个性化车间

这样一套个性化的生产流程，是在大数据的基础上实现的，而打造这套从客户端直接到生产端的"酷特智能"C2M（顾客对工厂）生产流程，红领花费了 11 年的时间。在过去的十多年时间中，红领积累了超过 200 万名顾客的个性化定制的版型数据，包括版型、款式、工艺和设计数据。

如果你是第一次在红领定制西装，会有人上门对关键数据进行测量，如果是回头客，那系统里已经记录了你的数据了。系统在收到数据之后，会通过CAD打版系统进行打版。每一件西装建模打版的过程中，一个数据的变化会带动9666个数据同时变化，真正地牵一发而动全身。而整个定制的生产流程，是由包括制版系统在内的20多个子系统组成的。

通过对数据的收集，红领集团掌握的不仅仅是顾客的体型数据，还包括了喜好、性格甚至是体型的变化等信息。用红领集团董事长张代理的话说："红领其实不是在做某个客人的某一件服装，而是客人终身的服装。"

凭借着私人定制模式，红领实现了标准化和个性化的完美融合，用11年的时间完成了一次传统服装企业的华丽转身。虽然创业者无法拥有红领十余年的积累，但只要能够让自己的服务和体验在细节完美的基础上变得更加个性化，那么品牌也就无须担心无法在竞争激烈的市场中盈利了。

互联网技术的普及和发展，让用户在表达自己的个性需求时，更加准确，也更加便利，尤其是大数据技术的应用，让人们能够在保持沉默的同时，将自己的意愿表达清楚，这是网购也是O2O模式能够发展壮大的重要原因之一。企业既然花费较少的成本和精力，就能够满足用户个性化的需求，提供更加完美的体验，从而实现导流，又有什么理由不去做呢？

2014年2月21日，作为国内公认的第三代智能搜索引擎的代表企业，北京中搜网络技术股份有限公司（以下简称中搜）宣布上线移动商街，加入2014年开打的O2O争夺战，其主打思路便是以"个性化O2O"应对巨头们的疯狂扩张。

中搜移动商街为线下传统行业提供了一个双向的、极具个性化的

O2O 营销平台。在该平台上，用户可以根据日常习惯，甚至兴趣爱好的不同，自主订阅美食、休闲、娱乐、购物等各类关键词。当用户所关注的关键词页面的内容有所更新时，用户便可以第一时间收到系统推送的及时阅读提醒，给予用户更多的选择，而非推荐。

对于入驻中搜移动商街的线下企业而言，个性化同样是一大特色，企业可以根据自身特点，拥有其独立的搜索关键词。这些企业关键词将以锚点的方式，出现在平台上的相关新闻页面中，用户发现后只需轻轻一点，便可以直接跳转到企业专属的页面之中。

中搜移动商街的个性化突破是前所未有的，它在国内 O2O 领域首次实现了对线下企业的地理位置标注及导航功能，并为用户准确锁定商家，在给用户带来方便的同时，也为平台上的企业带来了更多的线下流量。在朝着成为个人移动门户入口而努力的过程当中，中搜移动商城已经初步形成一种基于个性化需求的、拥有更多选择的个性生态聚落。

著名的哲学家莱布尼茨曾经说过："世界上没有两片叶子是完全相同的。"同样的，也没有完全相同的两个人。每一位用户都有自己的诉求和预期，因此，企业在面对涌来的海量流量时，也意味着面对着千差万别的海量用户，如何满足大部分用户的个性化需求，实现个性化导流，是企业不得不考量的问题。

在向用户推广 App 时，最好告诉用户你的产品分别都有什么，能够为他们做些什么。让用户知道，使用你的 App，能否解决自己的需求。这样用户才会感觉你的产品是与他有关系的，是值得一用的。

大麦网可以为用户提供各种演唱会、音乐会、话剧歌剧、体育比赛、电影、休闲度假等各种相关票务服务（图9-6）。在其 App 上，精准地将这些业务分成了 8 个部分：音乐会、亲子、体育、话剧、演唱会、日历、附近，以及签到，不同需求的人分别对应不同入口，分类简明易懂，用户用起来也方便快捷。

图 9-6 大麦网首页截图

如今不少的网站和 App 追求所谓的"大道至简"，而用户面对一干二净的界面，往往手足无措。还有一些网站和 App 为了避免发生这样的尴尬，恨不得将所有的功能都呈现在用户面前，让人眼花缭乱。如此，被吸引而来的流量根本无法驻足。

不论是中搜移动商城，还是大麦网，都是通过对产品的细分，将流量成功引导到各个子模块当中去，用有针对性的内容、产品及服务，满足用户个性化的需求，与用户需求实现了完美对接的。只有这样，才能够让流量流进来，留下来，而不是一晃而过。

建设流量平台切记量力而为

在说流量平台之前，我们先来看这样一则关于青蛙和牛的寓言故事。

有两只小青蛙在水塘边玩耍，被一只来塘边喝水的牛不小心踩死了，剩下的一只小青蛙就逃回家对妈妈说："糟了，哥哥被一只有角的很大的动物踩死了！"

青蛙妈妈把肚皮吹大给小青蛙看，小青蛙说："还要更大。"青蛙妈妈再把肚皮吹大些，小青蛙还说："还要更大。"于是青蛙妈妈拼命吸气，将肚皮吹得圆鼓鼓的，结果肚皮"啪"的一声裂开了。

抛开原本的寓意不谈，对于如今的市场环境而言，一些企业就好像故事中的牛，而另外一些企业就好像故事中的青蛙，流量就好比故事当中青蛙吸的气。一只青蛙再怎么样吸气，吸再多的气，也无法同一头牛相提比伦，反而会落得爆体而亡的下场。

同样的，一些小企业，或是仍然处于创业阶段的企业，在试图建设自身的流量平台时，要切记量力而为。

如果你的服务器最高只能允许 5000 用户同时在线，结果同时有 50000 人在线，那么，结果是显而易见的，平台要么卡顿到让人心塞，要么会直接崩溃，严重影响用户的使用体验。

线下店铺的流量也是一个道理，倘若你的体验店最多只能同时容纳 100 人，结果有 1000 个人在排队等待，那么，恐怕很少有用户能够耐心地等待下去。除非他十分迫切地需要你的产品。然而，在同质化竞争如此严重的今天，又有几件商品是真正无可替代的呢？

不少创业者在意识到流量对于企业成败的重要作用后，都开始挖空心思地想要获取大流量，从而掌控大数据，实现大飞跃。毫无疑问，引流效果最好的模式即平台模式，做细分领域的一个单功能应用所面对的永远是小众群体，而做平台则可以有大把的流量资源去捞取。这样的观点并没有错，但落实者必须考虑到一个前提——超级平台不是谁都能玩儿得起的。

2015 年 4 月，58 到家宣布正式启动 2.0 平台（图 9-7）。不同于以自营为主的 1.0 模式，58 到家升级之后，想要做的是一个平台化的一站式到家服务的"整合者"，以"自营 + 平台"的方式吸引更多的流量。

图 9-7　58 到家 CEO 陈小华在发布会上讲解 2.0 平台

据 58 到家 CEO 陈小华表示，为了支撑 58 到家平台的正常运转，58 同城每年至少要投入超 5000 万美元支持接入平台的第三方服务，这还不包括平台自身的维护和运营等正常费用。

平台能引流，但平台同样也能烧钱。不只是 58 到家，在 2015 年 1 月刚刚完成 7 亿美元融资的美团将 1/3 的资本也都砸在了流量拓展上，亚马逊也不堪开发流量的重负，被迫向平台卖家收起重租……

以上种种，都在警告着做着"大平台"美梦的 O2O 创业者，拥有大流量的平台并不好做，想要获得成功，必须脚踏实地地求真务实。

因此，在致力于流量导入工作的同时，广大创业者必须综合参考企业的具体需求和能力，做到科学导流，做到流量与承载能力的匹配，做到既不浪费资源，也不浪费流量。

说起春节，恐怕在大多数人首先想起的不是一家人团聚在一起吃年夜饭、看春晚，而是令人"闻风丧胆"的春运。可以说，不只是春节，几乎每个长假或是团圆的节日前后，我们都有一场关于火车票的硬仗要打。

中国铁路客户服务中心，也就是我们所熟悉的12306网，在2010年春运首日开始了试运营。对于广大消费者来说，能够在互联网上预订车票，是一件极为便利的事情，守在计算机前，动动鼠标，就能够省去在火车站彻夜排队的麻烦。

但是，最终的结果并没有想象中的美好。因为购票人数过多，12306网站难以容纳如此巨大的流量，导致数度崩溃。

很多企业都想要大流量，并以此为目标不断地推出各种营销活动，通过线上线下各种渠道来引流，对于这些企业来说，因为访问人数过多而崩溃，可以说是"甜蜜的烦恼"了，然而事实上，这种崩溃带来的是用户体验的下降。用户不会去挖掘崩溃的原因，只能够感受到网站崩溃这样的结果带来了不好的用户体验。

另外，在进行流量导入的过程中，创业者必须抱有足够的耐心，对于细分领域的产品来说，用户的小众必然会影响到流量的积累速度，因此，企业必须要花费较长的时间和较大的精力去建立整个流量疏导系统，而当系统真正打造成熟时，流量自然不成问题。这便是古语中常说的"磨刀不误砍柴工"的道理了。

饿了么作为稳坐外卖行业头把交椅的企业，也是从小企业、小平台一点点成长起来的。

饿了么最初创建时，只是源于康嘉、张旭豪等人并不理想的外卖体验，于是几个人联合承包了学校附近几家餐厅的外卖，雇用了一些配送员和客服，就开始了自己的创业。这个阶段，饿了么基本上只依靠传单和饭店原本的口碑来吸引流量。

随着公司的发展壮大，饿了么开始以学校为单位，扩大自己的市场。合作餐厅的范围限定在学校周围，目标用户群体也牢牢锁定在在校大学生身上，招募在校生作为校园宣传员，为产品进行推广，同时针对学生的消费能力和消费习惯，推出了满减以及"9元管饱""11元管饱"等活动。

截至这个阶段，饿了么一直都在中低端市场徘徊，为了更进一步拓展外卖市场，也为了适应消费者消费习惯的变化，饿了么成立品牌馆，进入中高端市场，将白领也纳入了自己的目标客户群之中（图9-8）。广告的投放形式也逐渐从传单、校园推广等向写字楼电梯间的楼宇广告发展。随后上线的早餐业务，也是主攻白领群体。

图 9-8 鼎泰丰入驻饿了么品牌馆

当然，如饿了么一样建立起自己的流量平台，需要天时地利人和等条件，饿了么后期也引入了不少战略投资，才得以支撑起平台的建设。如今各种创业企业都蓬勃发展，竞争较以前更加激烈，用户的心理期待也比以往有所提高，因此，小企业与其建立自己的流量平台，不如接入到大平台当中，借平台增强自身品牌的知名度，吸引用户，待羽翼丰满再自立门户。

随着O2O的不断发展，上门服务成为各大商家竞相追逐的热门，几大平台如 58 同城、美团网等，都纷纷在平台上推出上门服务接口，还有一些创业企业从垂直思维出发，以单项服务切入市场。

相比较而言，大平台擅长吸引流量，但难以在单项服务上与专攻一项业务的企业相媲美，而重度垂直的创业企业却苦于没有流量。因此，2015 年美团开放了自身的上门服务平台，与嘟嘟美甲、e 家洁、云家政、赶集易洗车等展开合作，美团只承担流量入口的角色，用户在美团网上提交订单后，这些上门服务提供商在线下为用户提供服务，美团不收取佣金及手续费。

美团开放自身的平台、流量资源，拓展了本地生活的产经，能够更好地满足用户的需求，与现有的业务形式形成互补。因此，这一举措不仅为上门服务提供商带来了大量的流量，同时也为美团自身生态战略的落地贡献了力量。

对于嘟嘟美甲等合作伙伴而言，接入美团开放平台，能够吸引更多、更精准的流量，能够降低运营成本，将更多的精力用在品牌建设和产品打造上，同时也有利于长期的品牌推广。

大平台有大平台的玩法，小企业有小企业的窍门。无论是手握流量的大玩家，还是刚刚崭露头角的创业企业，都要学会量力而行。正所谓，过犹不及，流量虽好，但还是要"需"实结合，根据自身实际情况科学引流。

真正的交易转换比流量更重要

没有流量的企业一定会死，但是有流量的企业未必一定能活。除了流量过载这种"甜蜜的烦恼"之外，流量转换率的大小，也是企业必须要关心的要素。甚至可以说，真正的交易转换，比流量更重要。

流量是衡量企业综合能力的指标，而流量转换率，则是用来衡量企业成熟度的指标。如果每 100 单位的流量能够带来 1 单位的购买，那么流量转换率就是 1%。

企业固然需要流量，更加需要流量的转化率，假如流量很大，但是用户的留存率很低，那么依然是失败的流量。因此，企业必须将流量转化和长期运维作为自身发展的重中之重。

对于流量而言，精准度是绕不开的难题。通常情况下，大流量能够换来大成交量，这种观念在理论上是成立的，可是，没有人能够保证同样的流量能够带来同样水平的成交。流量能否真正变现，流量总数只是一个重要参数，精准度才是其中关键。

以某电视品牌进行线下宣传为例，同样招来 100 个流量，100 个刚刚乔迁新居准备配置家电家居的年轻白领，与 100 个从不看电视的在校大学生，其转化为真实消费的概率显然是不一样的，这就是精准的重要性。

对于创业者而言，在做流量导入时，一定要注意量"利"而行，尽可能地将引流对象锁定在与产品定位相符合的精准人群身上，这样，才能更好地实现流量到销量的转换。

那么，我们怎样在拥有大流量的同时，还能够确保流量转换率的提高呢？这里我们介绍 3 个关键要素。

第一，通过细分实现精准的导流。

细分主要包括两部分：一是用户的细分；二是根据不同用户群，将自身的业务和产品进行细分。不同的用户群体有不同的入口，针对不同用户的心理，做出不同的引导等。

例如，最适合学生，第二适合上班族，第三适合年轻老板等。这样，针对不同用户群体，在推广时选择不同的入口，并且投入不同的宣传资源，将优势资源侧重于使用率最高的主流用户群体，不仅可以有效提高流量的转化率，还可以达到省时省力的效果。

2012—2014年两年时间里，一个由"90后"学生以课程表为基础而展开的校园应用工具"超级课程表"（图9-9）几乎红遍了大江南北。超级课程表创始人余佳文在为产品做流量导入时，就将用户精准地分成了两类，主打人群是想要实现便捷蹭课和交友的高校学生，第二目标人群则为想要进一步学习或重温校园生活的社会文化青年群体。

图 9-9　超级课程表下载页面

锁定这两大目标后，超级课程表在做推广时几乎没有遇到任何瓶颈，只是植根于各大高校的BBS和少量媒体宣传，便在短时间内聚集了800万用户。截至2015年7月，超级课程表已经覆盖了全国3000多所大学，拥有注册用户1600多万，俨然已经成为了名副其实的超级"课程表"。

由于用户的细分，不同用户群体在进入网站或使用产品时，会有完全不同的需求，在推广产品和吸引流量时，针对不同的用户要突出不同的功能，使用户能够感到产品是与自己的需求有切实的联系的。

例如，主要经营外语培训的沪江网校，就根据语种的不同，分别有沪江英语、沪江日语、沪江韩语等不同的分站，在主站上也有各个语种的标签对应不同的分站入口，一目了然，方便快捷。

第二，完善产品与服务，提供完美体验。

在移动互联网时代做产品推广和流量导入，一定不要认为精心设计客户体验非专业人士不可。事实上，很多时候专业人士会受到先入为主的观念的限制，并不能深入挖掘出用户的需求。所以，在进行用户调研时，结合自身企业的现状来挖掘用户的体验需求，从而努力做好初期体验，这也是创业者抓住流量，提高流量转换率的重要手段之一。

同时，不仅要想用户之所想，急用户之所急，还要想在用户前，急在用户前，为流量的转化提供一切便利条件。以看视频为例，近 3 年以来，真人秀节目越发火爆，而这些综艺节目有一个共同特点就是播出时间很晚，很多不能熬夜或是晚上有活动的人便经常会出现看不到节目的状况。

对于这部分人来说，不能随时随地地看到自己想看的视频，这就是最需迫切解决的"最后一公里"问题。而搜狐的解决办法是：通过购买版权或达成转播协议等方式转播这些真人秀节目（图 9-10）。仅这一项服务便为搜狐带来了大量的流量和广告收入。

另外，能够在线选择产品，就应当配备相应的线上支付体系，同样，线下消费也要尽可能多地提供各种支付渠道。因为支付体系的便利与否，对购买引导性起着十分重要的作用。

图 9-10　搜狐视频综艺板块

第三，建立沟通机制，促进互动和分享。

俗话说："王婆卖瓜，自卖自夸。"消费者在进行选择时，在潜意识里会更加相信第三方的声音，而不是单单凭借企业的宣传和描述，就做出购买决定。因此，要更多地引导用户与用户之间、用户与企业之间的互动，既能够让用户快速获取到自己想要的信息，又能够让用户在最短的时间里建立起对产品的信任感和心理期待。

在流量导入过程中，注意保持企业与用户及潜在用户的沟通是十分必要的。无论是在线下体验店中面对面的交流，还是通过在线客服、QQ 咨询等即时对话工具，通过对用户需求的深入挖掘和匹配，企业才能更好地让用户在自己的 App 或实体店中找到想要的内容，而不是另寻他处。

在雷军的要求下，小米堪称与用户沟通互动的典范。无论是小米的营销人员、产品研发人员，还是雷军本人，都始终坚持着与用户保持着高度的沟通和互动，用户有任何需求，都可以通过微博、小米的微信客服，以及线下的小米服务之家来向小米公司进行反映，而小米方面也会尽可能地给予用户满意的答案。即使你还没有购买任何一款小米产品，当你置身于小米服务之家中，你也会发现，能接受的服务仍然很多。例如，咨询非小米手机的一些常见故障、解决 Android 系统的突发问题、体验和了解小米产品等。总之，小米绝对不会放过任何一个与用户深度沟通，从而有效提升用户黏性的机会。

当然，能够实现高效导流和变现的方法还有很多，这里不再赘述。相信每个创业者都能根据自身的实际情况，摸索出一条成功的导流捷径，实现市场突围。

第 10 章

营销引爆
——用社会化营销打造口碑

营销是企业运营中最重要的环节，也是最直观的变现节点，话题引爆是产品营销的最简单方式。讲好一个故事，引爆一个话题，抓住用户的眼球，何愁没有"粉丝"与口碑？

广告营销时代已经结束

互联网对于人类的影响是方方面面的，它所改变的不仅仅是最基础的商业形态。在互联网，尤其是移动互联网时代的作用下，许多企业和个人原本赖以生存的资源都在发生着大规模的洗牌和更新换代。

在过去，企业想要宣传产品，最依赖的还是电视、广播、报纸、杂志等传统媒体，因为这是人们获取信息的主要途径。

然而，随着互联网技术的广泛传播，传统媒体的媒介功能逐渐被颠覆，新媒体时代随之而来。人们信息获取的途径，逐渐从传统媒体，变成了 PC 端，甚至移动端，微博、朋友圈以及各种新闻类 App 替代了电视、杂志、报纸，消费习惯也随之改变。黄金时段的一条电视广告，比不上热门博主的一条推荐微博，甚至公交地铁上铺天盖地的广告，还不及一条转发抽奖的广告条漫覆盖面广、流传度高。

因此，不得不说，广告营销的时代已经结束了，社会化媒体营销正在成为时代的主流。

传统媒体时代，在没有亲眼见到产品广告的前提下，依靠消费者口口相传，一个产品在营销过程中的辐射幅度十分有限，然而，新媒体工具的出现则很轻易地打破了这一局面。

例如，某一明星成为某一产品的代言人，相应的，这位明星的"粉丝"便会随之关注该产品。而此时，该产品的营销团队针对这一事件推出一篇软文，假设该软文最初的阅读者只是该明星众多"粉丝"中的 10000 人，这 10000 人当中，通过微博、微信等社交平台分享了该文章的只有 1000 人，而每个人分享的文章又都有 100 个读者，那么，甚至只需要一次传播，阅读量便会达到 10 万人，如果这 10 万人继续传播下去，那么这个数字便会如同滚雪球般越滚越大。

这就是分享传播中常常提到的"病毒效应"，也是社会化传播中一种十分普遍的品牌扩张方式。正是由于"病毒效应"在自媒体时代所起到的巨大作用，让越来越多的企业经营者发现了免费营销这一只有在互联网时代才能取得巨大成功的营销方式。当然，想要形成"病毒传播"，第一要素就是内容必须是用户所关心的。

2012 年 5 月 18 日，小米发布了定价仅为 1499 元的简配版手机，即"小米青春版"，限量 15 万台，主打校园学生群体。为了保证这一销售计划的顺利达成，小米营销团队提前一个月开始预热，在微博上推出了一个奇怪的话题：我们的 150 克青春，并同时发布了一个名为《我们的 150 克青春》的微电影（图 10-1），讲述了大学生活中最常见的情景和趣事，由小米的 7 位创始人倾情出演。

图 10-1　《我们的 150 克青春》海报

150 克其实就是小米青春版手机的重量，通过讲述一个个关于"青春"的故事，小米一下子便抓住了网友的眼球，发动了一次成功的内容营销活动。而这次内容营销的最终战果是："小米青春版"的宣传微博被累积转发了 203 万余次，为小米新增微博"粉丝"41 万余人。试想，如果小米直接呼唤：我们的手机只有 150 克，又有多少网友会对这个明显缺乏对比度的数字产生兴趣呢？更不用说争抢着为其做口碑传播了。

同时，小米科技曾做过一项关于微信消息打开率的统计，黎万强发现，凡是跟产品信息相关的消息，无论是降价，还是新品发布，用户的打开率都能维持在 50% 左右，甚至能够达到 70%，然而，如果消息离产品很远，如一些不相关的活动消息，打开率甚至连 5% 都很难维持。也就是说，社会化营销能否取得显著效果，同创业者是否能够坚持以做产品的思路做营销有着很大关系。

2013 年 8 月 5 日，微信 5.0 在苹果商店上线，在这个版本上，为了防止微信公众号对普通用户的骚扰，微信将公众号分为订阅号和服务号两种。同时，微信官方开始倡导企业微信公众号以服务为核心爆点做营销，南方航空公司（以下简称南航）作为服务营销的典范从众多公众号中脱颖而出。

南航微信从发布第一个版本开始，随着功能的不断开发与完善，出现了机票预订、登机牌办理、里程查询与兑换、航班动态查询、出行指南、城市机票查询等服务，这些服务曾经只能通过其他网站完成，南航微信则一次性解决了用户的痛点。在上市 4 个月的时间里，关注用户超过了 20 万人，更是有 3 万多用户通过微信绑定了会员卡，绑定之后用户直接通过微信获得更多的核心服务。不仅如此，用户还可以在线咨询问题，这一切看似与营销没有多大关系，但南航的业务量和口碑却呈指数级增长。

南航在微信上基本没有发广告，却依靠服务这一与众不同且吸引用户的核心爆点，实现了"粉丝"的"野蛮"增长。

当然，扯着嗓子叫卖产品是最低级的营销，把产品做好，将产品化思维渗透到社会化媒体运营的各个环节，让用户主动地参与到品牌的传播中来，才是自媒体时代内容传播的不二选择。

2014年年初，王彪和7个合伙人一起选择创业方向，他们沿着中关村的一条街向前走，一路发现了12家美甲店，最终，经过详细的数据分析之后，将未来事业锁定在了极具市场潜力，又很容易实现标准化服务的美甲O2O行业。

2014年6月，嘟嘟美甲在上海正式成立。和阿里巴巴、泰迪洗涤类似，它所坚持的也是平台化思维，从传统门店拉来美甲师后，由嘟嘟负责寻找客户，再由美甲师负责上门服务。

最初，王彪认为这一策略是完全没有问题的，女性用户可以足不出户便得到美甲服务，市场反应一定会很强烈，而且，嘟嘟美甲从一开始就四处打广告、发优惠券，做足了准备工作。然而，最终结果却是订单惨淡，效果奇差。

曾在小米就职过的王彪意识到，必须在营销上有所突破才行。于是，他借鉴了小米"让服务超出用户预期"的做法，竭尽可能地让用户一下子便记住嘟嘟美甲，甚至尖叫着将嘟嘟美甲扩散出去。

为此，王彪规定，嘟嘟美甲的美甲师在做上门服务时，工具箱里的工具在品牌上必须足够耀眼，一开箱就要给用户造成一种视觉上的冲击力，甚至每次做服务之后赠送用户的护手霜都要是高端的品牌。

而且，嘟嘟美甲开始将服务的重点锁定在了具有领袖气质并且爱美的"发烧友"身上，甚至专门为她们推出了"一元美甲"的爆品。

力求通过优质的服务征服这部分人，让这些人主动地在朋友圈和社交媒体上分享嘟嘟美甲，培养新用户和潜在用户对嘟嘟品牌的信任度。

进入 2015 年以来，嘟嘟美甲的日订单量已经突破了 5000 单，美甲师也已达到了 2000 人。当记者追问嘟嘟美甲获得成功的关键时，王彪的解释只有一句话："让使用过你产品的用户成为你的媒体，帮你做宣传，这或许是创业过程中性价比最高的推广方式了。"

当然，无论是传统时代还是网络时代，任何时候企业的根本属性都不会改变，那就是以盈利为终极目标。所以，当你的产品已经拥有，或者可以制造出足够的话题点时，不妨忘掉广告与公关，试试以产品思维做宣传，也许，突破的契机就在眼前。

随着社会化媒体逐渐成熟，消费者在社会化媒体上行为日趋理性，社会化媒体对品牌营销的作用正日益显现出来。运用社会化媒体进行品牌价值传播已成为品牌营销的有效途径。广告营销时代已经结束，社会化媒体营销时代已经到来。

以社交思维搭建社群媒体矩阵

社会化媒体营销也被称为社会化营销，是指与传统营销相区别的，利用社交互联网协作平台进行营销、公关和客服的一种方式，也被称作社交媒体营销、大众弱关系营销等。

作为一种全新的媒体营销手段，与传统营销模式相比，社会化媒体营销最大的优势，就在于社交思维。

互联网技术的出现，让人们的交际范围无限地扩大，真正实现了王勃诗中所描绘的"海内存知己，天涯若比邻"的情景。通过互联网，世界各地有着共同特性的人们组成了一个个社群，或是兴趣爱好相同，或是技能习惯相似。总之，各种族群的出现，成为一种天然的消费者分布结构，一个族群的兴起，往往意味着一个产品、一个品牌乃至是一种商业模式的流行。

2014 年年初，定位于国内最专业和最受年轻人喜爱的媒体之一的 YOHO! 获得了 C 轮 3000 万美元的融资，估值也随之增长了接近 3 倍。在普遍惨淡的垂直 B2C 市场，YOHO! 旗下的电商网站"YOHO! 有货"净利润超过 4000 万元，堪称国内 B2C 电子商务领域近年来的最大黑马。

在 YOHO! 副总裁钮丛笑看来，YOHO! 的异军突进首先源自于成功定位于做潮流族群生意。他甚至还编了一句顺口溜"上天猫就够了，来 YOHO! 就潮了"。

2007 年，YOHO! 开始转型互联网，并筹建了社区网站 Yoho.cn。与大多数互联网企业先烧钱后赚钱不同，YOHO! 从上线第一天起就没有亏损过。究其原因，一方面得益于 YOHO! 的销售提前（与广告主协商一致，连同杂志一起售卖广告）；另一方面在于它所构建的社区网站极成功地吸引了追求时尚的潮族，大量的潮族又带来了大量的广告主，最终形成了良性的商业闭环。

2008 年，YOHO! 决心跨界做电子商务，这遭到了不少投资人的质疑，因为很少有人相信一群媒体人可以做好电商这件互联网人都未必能够玩好的事情。然而，钮丛笑并不这样认为，他解释说："过去很长一段时间里，YOHO! 经常会收到一些读者的来信，他们在信中对无法买到杂志中的潮品的现况存在很大不满。这样的潮人很多，如果我们将他们聚集起来，就是无限的商机。"

于是，YOHO! 先从中国台湾小规模地进了一批货，做了几本

Catalogue(商品目录),随杂志发行,并且留下了预订电话,结果,仅第一天就有了大约一万元收益。最终,投资者见识了众多潮人的强大购买力后,才最终批准了 YOHO! 有货网站的上线。

2005 年,刚创立的 YOHO! 还只是一家做潮流杂志的媒体机构,10 年后的今天,它却已经形成了潮流杂志、互联网社区、App、潮流活动 Yo'hood,以及电商官网 YOHO! 有货五位一体的强劲互联网企业,它所服务的每个领域,都是潮族获取时尚信息与产品的首选。也就是说,YOHO! 的每个立足点,都是潮流一族。

图 10-2 YO'HOOD 全球潮品嘉年华

可以说,YOHO! 之所以能屡屡跨界成功,秘诀就在于它不打无准备之仗,并且总能恰到好处地切准潮流需求去做延展,而这种延展力,正是在持续挖掘潮族需求,不断满足族群需要之中完成的。

社群经济必然会对未来商业起到决定性的作用。相比仅仅依靠热点营销和借势营销等手段吸引来的用户,忠诚的族群显然更加长远和持久。因此,社会化营销想要取得长久、持续的效果,就必须学会以社交思维搭建社群媒体矩阵,为品牌建设出自己的族群。

在公认的最优自媒体社交平台中,微博、微信、论坛等三大渠道可以说不分伯仲,联袂支撑起了社会化营销的主干网络。尤其是微博,可谓真正支撑起社会化营销大厦的钢筋骨架。

作为一种通过关注机制分享简短实时信息的广播式的社交网络平台，正是由于微博的存在，"粉丝"与品牌间的沟通才变得前所未有的直观和快速，从用户意见反馈到企业做出决策调整，时间周期大大缩短，最快者甚至仅需几分钟，这在传统媒体时代是完全无法想象的。

2014年10月，专门提供上门推拿服务的平台功夫熊正式上线。创始人王润在品牌宣传过程中首选的便是微博营销，通过营销团队在微博上的宣传与推广，召集到了第一批"敢于吃螃蟹"的推拿尝试者，并且得到了来自祥峰投资的数百万美元A轮投资，以及险峰华兴创投的数百万人民币天使轮融资。

在业界，功夫熊的传播案例是很具参考价值的。遗憾的是，即便已经有很多王润这样的先驱者率先放下身段，在微博中以一种前所未有的亲民姿态得到了广大用户的认可和支持，却仍然有许多保守主义者对现代化的营销模式畏首畏尾，十分担心自己"一不小心说错话"，引来众怒和围攻，让好不容易积累起来的企业形象毁于一旦。

除微博之外，微信也是当下创业者的必争之地，关于微信这一营销渠道，甚至无须多讲，不过，鉴于微信"私密圈子"的特性，聪明的营销者更愿意将其定义为营销的维护者，即客服，而非像微博那样的核心营销渠道。在这一点上，小米便是一个成功的典型代表。

2013年年初，小米开始在微信渠道发力，通过对小米论坛会员和微博"粉丝"的导流，小米在入驻微信之后短短4个月的时间里便吸引了100万"粉丝"。利用微信的关键词回复机制，小米成功地将其构筑成了品牌的服务平台。

截至2014年6月，小米的微信"粉丝"已经与微博"粉丝"基本持平，吸引了超过600万人的关注，是年度最成功的企业公众号之一。

2015 年 5 月，据官方数据显示，小米微信每天接收的信息量在 30000 条以上，而后台的自动回复量则在 28000 条左右，高达 93.3%，极大地降低了客服人员的人工劳动量，而小米在此过程中，却并不需要承担一分一厘的平台费用。

另外，小米微信服务号下面还设置了 3 个导航标签，分别为：最新活动、自助服务和产品。用户进入界面后，点击任一标签都会得到相应的自动回复。例如，点击自助服务，你便可以发现查询订单详情、物流详情、网点位置等。目的只有一个，那就是更好地完成微信的客服职能，提升"粉丝"的参与兴趣。

从小米的经验来看，微信已经成为当今企业构建多元化用户互动关系中不可或缺的一大平台，而这种平台的推广成本小到令人不敢置信。当然，鉴于不同品牌的不同境况和性质，其投入的高低也会有所不同。然而，不能否认的是，只要我们能够尽可能地贴合网络时代新媒体自身的属性，坚持走一条与"粉丝"时刻互动的社会化营销之路，那么，我们的企业便一定不会输在新时代的起跑线上。

当然，想要通过社会化媒体平台，搭建社群媒体矩阵，激活社群经济，还需要注意以下 4 点。

第一，短帖制胜。

随着移动互联网时代的来临，人们在手机屏幕上花费的时间越来越多，但也相对越来越零散。因此，不可否认精心策划的长文也有着至关重要的作用，但想要吸引用户，短小精悍的短帖更为有效。微博能够取代博客成为当下流行的主要社会化媒体平台，就是最为有力的佐证。

通常认为，帖子的长度控制在 100 字以内为宜，能够将产品最为核心、最受人关注的点清晰地表达出来即可。当然，如果能够用图片表达，更是上上之选。

第二，连续发帖。

社会化媒体平台因其带有社交性质，其用户往往都会养成每天登录并查看消息的习惯。因此，一个品牌想要与自己的"粉丝"形成更加牢固的关系，就需要保持互动的连贯性，持续并且固定地更新消息。

国外研究发现，每一个品牌根据自身产品属性的不同，往往都有属于自己的最佳发帖时间，一旦找到品牌的最佳发帖时间节点，就要保持连贯性，坚持在这一时间节点上发布新帖，让自己能够以一种恰当的频率出现在消费者的视线当中。

第三，充分利用 UGC（用户产生内容）。

每个人都希望得到他人的关注，社会化媒体平台所具有的放大作用，能够让用户的声音被更多人听到和看到，满足消费者的这一心理诉求。这种互动能够打造更加平易近人的品牌形象，也更加有利于社群的形成。

另外，用户产生的内容更容易被其他用户所接纳和信赖，充分利用 UGC，可以提高品牌的知名度和美誉度，比企业自己所做的宣传更容易得到传播，形成良性循环。

第四，搭配链接。

用户之所以会与品牌进行互动，有很大一部分原因是想要解决问题，或是了解一些自己所关心的信息。但是碍于篇幅的限制，品牌发帖不宜过长，因此，可以利用链接的方式回复用户的提问和评论，给用户提供产品信息或相关网站登录的页面。这样既能够实现导流的目的，也能够顺利地解决用户需求与关心的问题，让他们对品牌产生好感，进而忠诚于品牌。

当然，除微博、微信之外，企业想要搭建起健全的自媒体矩阵，还可以从豆瓣、知乎、博客等渠道着手，以社交思维为基础，布局多元化的营销平台。

作为一个创业者，我们则应该站在时代的前沿，以一个全新的高度去看待自媒体时代内容传播的发展和演变，嗅到一些危险的信号。在这个人人都会有公众号的时代里，身为创业者必须及时地行动起来，塑造出属于自己的"粉丝"社群。

借用户的嘴传递品牌口碑

移动互联网时代，随着信息的不断传递和流通，产品口碑对于消费者的引导作用越来越大。的确，对于两款功能相同的商品，谁都愿意购买用户口碑好的那一款。从某种意义上来说，口碑使用户之间自发口耳相传的结果，良好的口碑对企业的发展影响深远。

人是群体性动物，我们所做出的每一个决定和评价，其实都不仅仅是我们自身的感受，还会受到外界因素的干扰。因此，社会化媒体营销的出现，不仅让社群经济得到了发展，也给品牌的口碑传播提供了更好的平台。

古人有云："劝君不用镌顽石，路上行人口似碑。"口碑，顾名思义，是指群众的议论和口头上的褒贬，是一个无褒无贬的中性词汇。口碑必须是从用户的口中说出来，听到用户的耳朵里的，往往并不受企业的控制，但是随着社会化媒体的兴起，企业就能够通过这一平台，借由用户的嘴，树立起自己想要的口碑。

消费实践证明，由于个人喜好的不同，消费者购买产品和服务后，往往会发现，现实质量与自身预期存在不一致的现象，每当这时，口碑的力量便会再次凸显出来。用户极易受到口碑传播的影响，做出与口碑传递者同向的评价。

在淘宝买过东西的人都会有这样的经历，购买到的物品与图片中展示的并不完全相同，不少商品的色差都很明显。去肯德基和麦当劳吃东西也是一样，所谓的巨无霸和全家桶，根本没有广告中的那种视觉效果，体积上至少小了1/3。可是，当我们身边的人需要购买相同产品或者快速解决午餐时，我们仍然会推荐他们去淘宝、肯德基或是麦当劳。

为什么明明对东西不是十分满意，我们却仍然会推荐给自己的亲朋好友？这就是"口碑效应"所带来的同向评价的影响。唯有好的口碑，才能够塑造起品牌价值。

当今商界，在千变万化的移动互联网背景之下，你可能不知道下一个风口在哪里，也可能不确定自己所进行的创业项目是否真正具备从众多竞争对手中脱颖而出的潜力，但你一定不能不清楚品牌的价值。

品牌价值是一个企业进行品牌管理过程中最为核心的部分，是企业的精神象征，也是企业区别于同类竞争者的重要标志。多数人都认为打造好的品牌是为了更好地卖产品，其实，完全应该反过来，卖好的产品是为了打造品牌。就像现代营销学大师菲利普·科特勒所说的："客户真正愿意花钱购买的不产品，而是品牌，谁能在品牌上优人一等，谁就能在营销上胜人一筹。"

2015年5月15日，据福布斯估计，苹果目前的品牌价值为1453亿美元，比2014年增长17%，比2013年Interbrand所统计的983亿美元提升了接近50%。在福布斯全球最有价值品牌排行榜中，苹果的品牌价值比其他任何两个品牌的总和还多。

苹果为什么能够将连续12年以品牌优势横扫全球的可口可乐踩在

脚下，并将众多竞争者远远地甩在身后？苹果 CEO 蒂姆·库克给出的答案是：口碑。

在过去的 15 年中，苹果以 iPhone、iPad、iPod 以及 iTunes 四款产品彻底颠覆了四大行业，以至于业界已经形成了一种共性的认知：苹果的产品未必是最高科技的，但一定是质量最好、品质最高的。并且每一个苹果用户都愿意向身边的人传递这一信息，在潜移默化中扩大苹果品牌的影响力。

对此，蒂姆·库克还以微软为例，证明了"口碑效应"在苹果提升品牌价值过程中的重要作用。他说："微软是 2015 年福布斯品牌排行榜中仅次于苹果的高科技公司，萨蒂亚·纳德拉出任 CEO 后，微软为了吸引开发者的兴趣，推出了包括 HoloLens 全息眼镜在内的多项迷人产品。并在 2014 年斥资 110 亿美元用于研发。但它之前所推出的包括 Bob、Hotmail、Outlook Express、Windows ME、Windows 注册表等垃圾产品，已经在用户心中埋下了不好的印象，已经不会再有那么多人肯为它做宣传了。"

2014 年第四季度，苹果的手机销量为 6930 万部，同比增长了 49%。净利润高达 180 亿美元，比 2013 年同期增长了 33%。对此，全球手机销量排名世界第二的三星只能一声长叹而已。

整个 2014 年，三星花在打广告吸引消费者上的钱便接近 40 亿美元，而苹果的广告支出仅为 12 亿美元，甚至不到它的 1/3。这里面的玄机，便出在蒂姆·库克所强调的"口碑"两个字上。

据统计，进入 2015 年福布斯全球最有价值品牌排行榜前 100 位的公司横跨 15 个国家，涉及 20 多个行业，其中，美国企业占据了半壁江山，而中国腾讯等互联网及大科技公司竟然无一入选。

如果说 O2O 是整个移动互联网时代的大风口，那么，在新媒体时代充分利用"粉丝"的口碑传播为企业快速树立起一个良好的品牌形象，则是另外一个风口。

马云曾经说过："互联网世界只有第一，没有第二。用户能够记住的只有第一，也只有第一名才能够活下来，没人会去记第二位是谁。"为了努力让自己成为"NO.1"，许多品牌都在口碑建设上下足了功夫。

事实上，通过扩大"口碑效应"来快速打响品牌的案例在我们身边比比皆是。例如，2003 年，淘宝以免费政策吸引用户试用，并以此战胜了 eBay 易趣公司。再如，化妆品 DHC 在进入中国市场后，5 年时间累积派发了超过 1000 万件的试用装，通过试用装让中国女性充分认识了这一国际化妆品品牌。再近一点，小米不做任何广告，单凭口碑营销便将品牌打造成了国内第一智能手机，这都是口碑的巨大力量。

品牌口碑的塑造，离不开用户的传播，而想要借用户的嘴来传递品牌口碑，就要注意与用户、与"粉丝"形成互动。社会化媒体，就是一个很好的互动平台，通过在社会化媒体上与用户形成互动营销，可以达到很好的口碑效果。那么，怎样才能通互动营销，让用户自然而然地参与并分享呢？

首先，要明确活动的目的。

很多时候企业并不能正确地意识到某一次的营销究竟要达成什么样的目的，或是希望通过一次营销，既能提升知名度，又能拉动购买。为了能达到两全其美的效果，最终策划出来的活动往往是"赔了夫人又折兵"，用户参与起来耗时耗力，企业空有高转发量，但是既没有获得美誉度，又没能带来生意。因此，不要一味以字数、转发等指标来衡量活动是否有价值。

其次，要让用户"不尴尬"。

在微博、朋友圈、贴吧等社交媒体上参与互动营销，本身就是一件十分尴尬的事情。在参与的过程中，消费者将活动信息转发到自己的个人主页上，用自己的个人信誉为产品和品牌背书，向自己的社会关系传递品牌信息，根据产品性质、活动方式的不同，尴尬程度也不尽相同。企业要做的就是尽量降低甚至扭转这种尴尬，并且降低活动的复杂程度。例如，杜蕾斯作为成人用品品牌，其产品本身就会让用户感到较为尴尬，因此该品牌在互动的时候，通常只会要求用户在原博文下面进行评论，而不是转发。

最后，制定正确的营销策略。

一个活动要通过什么样的渠道和形式？是否需要名人参与？通过什么样的频率推广？与什么样的活动配合？这些都是需要考虑的。微博、微信不一定要为了更新而更新，而是要更新好内容；不一定要全渠道进行推广，而是要根据目标用户群体进行选择；不一定所有的热点话题都要跟进，而是要选择和品牌形象一致的事件。

社会化媒体只是一种工具，想要帮助企业营造出好的品牌口碑，关键还在于好的内容。人们都希望自己外在的形象是聪明、富有而且时尚的，同时人与人之间也有着相互帮助的倾向，当企业的产品能够让消费者觉得更加优质、更加有性价比并且能够使自己展示出一种自己所渴望的形象时，品牌口碑的传播就变得容易了。

好产品是好口碑的基本保障

有"粉丝"的企业才有口碑，但口碑是一个无褒无贬的中性词汇，因此，企业想要拥有一个好的口碑，还需要好产品来保障。

如果你的产品和服务很差，差到让人买一次便再也不想买第二次，显然是不可能拥有好口碑的。甚至当身边人要购买你的产品时，他们还会劝阻。反之，倘若你的产品好到无可挑剔，让用户使用过后欲罢不能，那么，即便你不再做任何功课，你的品牌也必将如同装了扬声器一般，传到千家万户。

2014年12月18日，第十二届中国互联网经济年会在北京举行，会上，纵横时光总裁王磊在题为"互联网经济——虚实结合的移动互联网"的对话环节中指出："所有的企业，包括互联网企业，做O2O营销的时候，首先要思考的就是你有没有能拿得出手的产品，产品和服务才是最大的内容。"

作为一家成立于O2O风口的互联网营销服务企业，纵横时光在创立之初便将思考点落在了3个问题上：第一，怎样实现产品与互联网以及移动互联网的结合；第二，怎样实现实体产品和线上产品的整体融合；第三，怎样完成线下实体和线上虚拟体的整合。

之所以专注于思索这3个问题，便是因为王磊将O2O营销的核心落在了产品身上。他坚信"互联网和移动互联网营销，只是营销渠道的一种转变，包装可能变化了，但产品不发生根本性的变化，先把内功（产品）做好，才能发力外围"。

事实上，与王磊抱有相同想法的人大有人在，微博达人、房地产大佬任志强便曾说："论行业怎么变化，做推广归根结底还是要和产品有关系，如果你的产品不行，再怎么推广都没有，消费者会上一次当，难道还会上第二次？"所以，营销的前提一定是优秀的产品。

一家企业要想拥有良好的口碑，就必须要打造出良好的产品和服务，产品和服务是1，围绕产品的行销和广告是0，失去优秀的产品和服务，再多的0都是徒劳的。假如产品完善，企业的营销做得不是十分完美，企业的口碑也不会太差。

以微信为例，作为移动互联网时代最具代表性的产品，微信自2011年1月推出以来，短短4年半的时间里，用户已经从0变成了6亿。微信一路走来，用户数量增长如此之快，与其良好的口碑有着密不可分的关系，然而，归根结底还是其产品性能足够优秀。

最初，微信只是一个为智能终端提供即时通信服务的免费应用程序，只能发送语音、视频、图片和文字，但相比于传统通信已经取得了一定的进步。

后来，微信团队又相继开发的摇一摇、漂流瓶、附近的人等功能，进一步拓宽了微信用户的交友范围，而朋友圈、公众平台等服务插件，则帮助微信彻底形成了一个严谨的社交生态体系。

随后，微信又从社交领域朝着移动电子商务领域进发，其扫一扫、微商、微信红包、微信支付等功能的推出，使得微信这一产品进一步变得无懈可击。只要拥有一个微信帐号，绑定一张银行卡，用户甚至可以通过微信完成出行、购物等一系列的日常性商业的选定和支付环节，可谓"微信在手，天下我有"。

除初期推广之外，微信几乎没有做过任何营销，可是，其装机量却持续暴涨，如今已经覆盖了中国90%以上的智能手机用户。不得不说，良好的口碑为其扩散提供了绝佳的媒介，而强大的产品功能则为其赢得口碑提供了充足的保障。

被誉为"台湾的经营之神"的台塑集团董事长王永庆先生，创业初期卖过大米，他以优质的服务赢得了客户的信赖，也为日后的经营积累的丰厚的资本。

当时，每当客户买完大米后，王永庆会主动帮客户把大米抬到家。一些客户用米缸装米，王永庆会帮他们先把缸里的陈米倒出来，把米缸擦净，再把新米倒进去，把缸里原先的米洒在新米上面……

在服务的过程中，他会同客户拉家常，询问客户家中的人数，其中有几个成年人、几个小孩，并以数字的形式记录下来，由此推算缸里的大米够吃多长时间。当客户家里的大米快要吃完的时候，他会和客户主动联系，询问是否需要送些大米过去。

就这样，许多客户对王永庆的售后服务产生了依赖。在王永庆的服务下，客户无须担心何时需要买大米，因为他会用心记下来；客户的陈米不会出现发霉的情况，王永庆会事先叮嘱客户先食用之前剩下的大米。

渐渐地，老客户纷纷介绍王永庆给自己的熟人朋友，"王永庆卖的米好"的口碑就这样一传十，十传百，王永庆的米越来越供不应求。大量的忠诚客户让王永庆在激烈的竞争中不断前进，这样的服务品质让他受益一生，最终成就了台塑集团。

在王永庆创业的年代，他或许并不知道什么是营销，也不懂得如何提升自己的服务和产品的知名度，但是依靠朴实的服务，王永庆一个字的营销都没有做，却在十里八乡赢得好口碑，这些口碑也为他日后建立台塑集团积累了市场基础。

在移动互联网时代，媒体的传播已经开始彻底地扁平化，无论是明星、网络红人或者微博大 V，每一个具有影响力的用户都开始变成自媒体，不断地通过口耳相传地方式为企业的产品和品牌传递价值。当然，这一切的前提依旧是优秀的产品。

褚橙柳桃潘苹果常常作为有情怀的农产品被放到一起，作为品牌人格化、故事化营销的典型案例。然而，随着时间的推移，只有褚橙成功了，而柳桃和潘苹果的品牌之路却渐行渐远。

从营销包装看起来，褚橙主打励志、坎坷、传奇的人生经历，柳桃主打企业家产业报国,潘苹果则主要以公益和名果做卖点。但从销售情况看来,显然消费者并不对所有的情怀买账。从聚划算的活动数据来看,褚橙有75万的销量,而柳桃只有4.6万的销量,潘苹果只有1.6万。而且从全网的销售数据来看,褚橙也一直遥遥领先。

褚橙之所以能够长期热卖,并且通过人格化营销实现了品牌形象的塑造,根本原因还是这个橙子是真的好。褚时健的励志是建立在认真做事、一心钻研的态度上的,整个褚橙果园的流程管理都十分科学合理,才能够保证褚橙的品质。不能够种出好果子,再励志也没有用。

市面上很多橙子都是国外的品种,外国人喜欢吃皮厚偏酸的口味,但国人整体口味还是偏甜一些。为了能够培育出一种符合中国人口味的橙子,年逾80的褚时健与妻子吃住都在橙园,每个月都有十几天是在地里度过的,还从书店买了很多关于果树种植的书,仔细研读。

刚开始开山种橙的时候,褚时健每年都会遇到不同的问题,他经常看书寻求解决的办法,一看就看到凌晨三四点钟,经过反复不断地尝试,改进了肥料配比等技术,褚橙才有了今天这样皮薄易剥酸甜适度的质感(图10-3)。

图 10-3 褚橙 24:1 黄金酸甜比

从 2002 年褚时健开始褚橙的培育，到 2012 年轰动全国的"褚橙进京"，褚时健花了 10 的时间来打磨品质，才有了如今价格堪比进口脐橙的冰糖橙"褚橙"。

用户从来不会无缘无故地为自己社交链上的人宣传产品，形成产品口碑，除非这款产品确实拥有优秀的体验和服务，为自己的社交关系链上的人推荐残次品不仅不会为企业树立正面口碑，还会影响用户自身多年培养的社交关系，最终得不偿失。因此，在移动互联网时代，产品的口碑更加依赖于质量和服务，好的产品会说话，优质的服务自然会为企业带来良好的口碑。

抓住热点，借势营销

想要做好社会化媒体营销，与打造品牌一样，也需要打造出爆品内容。好内容往往是可遇而不可求的，因此，想要打造出爆品内容，就需要企业不仅仅局限于产品自身的爆点传播，在进行互动营销时，抓住热点、结合热点也可以实现广泛传播，实现企业的营销目的。

所谓的抓住热点，是指企业能够及时抓住社会大众普遍关注的社会新闻、事件和人物的明星效应等，结合企业的产品进行传播的相关活动。在互联网时代，信息的传播速度大大提高，用户数量呈几何式增长，这为众多企业提供了一个很好的营销机会：他们可以借助互联网去开展一系列的热点营销活动，使得企业所要传达的信息借助热点被广泛传播，最终实现以最小的投入成本，赢取最大回报收益的效果。

2012 年，美国大选再次聚焦了全球的目光。奥巴马与罗姆尼之争，本是一次美国两大政党间的较量与角逐。然而，身为餐饮品牌的必胜客却巧妙地抓住了这一热点，做了一场华丽的营销。

必胜客在奥巴马与罗姆尼的第二场辩论会开始前，制作了一个视频短片，并发表声明称，如有人能询问两位总统"吃披萨是选意大利辣肠还是香肠"，就能获得终身免费的必胜客披萨（实际上只是 30 年内每周免费吃一个）。

不得不承认，虽然必胜客的这一营销策略引来了不少美国民众的"拿国家制度开玩笑"的骂声，但成功达到了为品牌做宣传的效果。一时间，"必胜客"几乎成为了各大搜索引擎的最热词汇，美国的多个脱口秀节目也把它的营销当作段子一讲再讲。而必胜客在当季的披萨销量与 2011 年同期相比，足足提升了 37.1%。

对此，必胜客美国市场副总裁贾里德·德林克沃特便曾骄傲地说："我们其实根本不在乎是什么结果，不论人们提问与否，必胜客都将得到关注，只要大家对必胜客的议论不停，我们的品牌就能得到持续的曝光，这才是营销。"

据尼尔森数据显示，在 2012 年美国总统选举电视辩论会期间，共有 6720 万美国人在电视机前观看直播，创下了 32 年来的最高收视率。而借此掀起营销风暴的，也不仅仅是必胜客一家。7-11 便利店、红蓝咖啡、Cabbage 公司等知名企业都在这次大选中借助两党相争的噱头，赚足了消费者的眼球。

在互联网时代，尤其是在移动互联网时代，企业可以借助网络手段去开展一系列的热点营销，让品牌所要传递的信息借助热点的热度持续升温，最终达到以最小的成本投入，赢取最大的利益回报的效果。

当然，正如本节开篇所说，虽然热点事件是可以通过自身的知名度人为制造出来的，但对于大多数的企业而言，热点事件依然是可遇而不可求的。在没有热点的情况下，将产品与明星结合起来，也能够达到借势营销的目的。

2013年11月9日，中国广州恒大队在2013年亚冠（亚洲足球俱乐部冠军联赛）上，击败了韩国首尔FC，成功夺冠。这场比赛之后，整个亚洲的足球爱好者都知道了一个来自中国的天然矿泉水品牌——恒大冰泉。

作为恒大地产的又一跨界产品，恒大冰泉可谓酝酿已久，早就具备了问世的潜力，然而，恒大老总许家印却迟迟不肯将其推出，直到亚冠决赛开始前，他不惜推掉了意欲投掷千万重金的各路赞助商，将恒大队员胸前的广告位留给了冰泉。

最终，恒大队历史性地夺去了亚冠联赛冠军，创造了中国足球职业化以来的最佳战绩，而当胜利的号角响起的那一刻，全国球迷和观众都选择心甘情愿地满足了许家印的"愿望"，即"为中国足球的英雄们买单"，纷纷购买并试喝恒大冰泉，掀起了一股经久不息的"冰泉"热。其销量几乎在短短一个月的时间便完成了对国内大多数矿泉水品牌的超越，成为仅次于娃哈哈和康师傅的国内第三大矿泉水品牌。

除了借助恒大球队做宣传外，恒大冰泉还同著名影星达成了代言协议，一方面对追星族产生重大的消费影响，另一方面则便利于产品的印象化，使企业品牌形象化、具体化，在消费者心中留下深刻的印象。

2014年5月20日，恒大冰泉在北京人民大会堂与英、法、德、白俄罗斯、瑞典等欧洲13个主要国家的43位经销商代表签订协议，实现了中国矿泉水的第一次出口。

社会化媒体的出现，让明星与大众的距离更近，也让热点变得更加容易被发现。伴随着社会化媒体的逐渐成熟，只要有好的文案，只要有吸引人的内容，消费者会自发地成为品牌的传播者。

2015 年 6 月 3 日凌晨，中国网球天后李娜在微博发文："姜山和我向可爱的娜离子们介绍我们的 Alisa，我们非常高兴而且爱她"，再配上一个小红脚印，正式宣布产下一女。虽然微博发布在凌晨，但仍然得到了广大网友的真挚祝福，而各大品牌得知这一消息后，更是展开了一场营销大战。

李娜为小公主取名"Alisa"，东风铁龙充分挖掘了这一营销点，将其融入到了旗下爱丽舍车型当中，发文："娜些更爱家的理由爱（A）丽（LI）舍（SA）"，并搭配了一张一家三口共同出行的美图，与李娜升级三口之家的幸福氛围可谓搭配得天衣无缝。

著名的奶瓶品牌雅士利也没有浪费这次绝佳的话题营销机会，以一张"网球+奶粉罐"的美图，配文"娜样精彩，又一次大满'罐'YA!Alisa"，将天时（李娜产子）、地利（自身的母婴产品）、人和（网友关注）完美地结合在了一起。

另外，近年来致力于线上推广的国产家电品牌美的也投入其中，以李娜微博中的小脚印为背景，配文"Alisa，娜些年，最美的成就"，一下子将美的品牌嵌入到了情景之中，一方面赞美了李娜从世界冠军到退役产女，取得了一系列的成就，另一方面，也暗示了自身品牌"美的"同样成绩斐然，笑傲群雄。

在传统时代，即便是极富想象力的营销天才们，恐怕也未必能够想象到一个明星产子事件便能做出这么多的文章。

如果把热点营销说得再直白一些，就像是"滚雪球"，将品牌和产品依附于热点之上，在人们探讨热点的时候，将企业的相关信息传递出去，并且越滚越大（越传越广）。

在我们周围，热点营销比比皆是。即便抛开腾讯等互联网巨头企业不谈，借助热点事件获得成功的案例仍然不胜枚举。例如，汶川地震中的王老吉、北京暴雨期间的杜蕾斯、《速度与激情7》热播时候的速8快捷酒店，以及5·20期间的502胶水等。

从某种意义上讲，热点营销的普遍性已经向我们证明，它其实是一种极简单且有效的社会化营销手段。一般来说，利用热点进行营销，通常有以下3种方式。

第一，利用常规热点进行营销。这一热点多以节日为主，如传统旅游业借助"五一"长假开发"旅游黄金周"，阿里巴巴借助光棍节打造"双十一"购物狂欢节等。

第二，借助名人效应进行营销。这个是相对最好理解的，也是最好用的。例如，2015年5月29日，著名演员的恋情曝光，并在微博中秀出"我们"的合影，紧接着，快的打车、小米、美的空调、麦当劳、招商银行，甚至连杰士邦、冈本、高洁丝等品牌也都纷纷以"我们"为话题，发起了各种有特色的营销宣传。

第三，利用突发话题和事件进行营销。这类热点多以时政新闻、娱乐花边、为主，如必胜客借助美国大选搞营销，2012年7月，刘强东利用"西红柿门"事件，为京东平台的生鲜产品做营销等。

在确定了营销的方向之后，企业一般主要通过以下3个步骤来做好热点营销。

首先是寻找热点、分析热点或者创造热点。关注和分析热点是进行热点营销的基础，它要求企业具备敏锐的洞察力和分析能力，在众多的实事动态、热点新闻和网络热门话题，以及众多体育赛事中筛选出最有用的信息。假如找不到与企业相关的合适热点，就要主动创造热点，如"双十一"购物节是阿里巴巴创造的热点，"618购物节"是京东营销出的热点。

其次，结合产品的个性去贴合热点，以迎合大众的需求和喜好。

企业想要用热点进行营销并且达到良好的效果，就要使产品的个性贴合热点话题，并且符合目标用户的需求，这就要求营销的主题与热点完美契合。

热点营销的最后一步是选择一个适当的表达方式。适当的表达方式可以是真实的、感人的、幽默的，也可以是警告、自嘲式的。总之，企业要力求用最适当的语言表达方式赢得用户的认同，这才是热点营销的最终目的。

在自媒体持续升温的今天，想要为品牌寻找一个热点、筛选一个热点，或是创造一个热点，都不是什么难事，只要我们能够结合产品个性去贴合热点，在不扭曲产品的前提下，再选择一个恰当的表达方式，匹配大众需求和口味，那么，良好的营销效果自然会随之而来。

P 后 记
OSTSCRIPT

一本著作的完成需要许多人的默默奉献，它所闪耀的并非个人的光辉，而是集体的智慧。在这里，务必要感谢那些在本书策划和编写过程中给予关心与帮助的人。

从互联网到移动互联网，一个全新的时代已经来临，当O2O如火如荼，当"互联网+"从一个完全陌生的词汇变得家喻户晓，传统的行业正在被打乱重组，志存高远的创业者们也迎来了绝佳的创业时机。

Facebook创始人马克·扎克伯格说，在互联网时代，创建一个价值上亿元的企业算不得成功，让千万个人通过你的企业成为亿万富翁，才算是真正的成功。这也是我从事多年营销咨询工作最大的心得。为了帮助更多人，我所创建的几家企业，珠海英捷企业管理顾问有限公司专门为创业者和企业经营者提供管理咨询服务；珠海英捷电子商务有限公司则为那些缺乏启动资金的人提供电子商务的创业和投资机会；珠海英捷文化传播有限公司则致力于帮助新兴企业和传统企业塑造全新的互联网文化，帮助其注入时代基因，力求从各个方面对那些拥有创业梦想的人予以最大的支持和帮助。

我知道，我做得还远远不够，全国有6亿人在夜以继日地思考着如何成功创业这个问题，而我所拥抱和影响的仅仅是这些人中的千分之一。值得庆幸的是，通过这本书，我相信会有更多徘徊在移动互联网创业大门之外的人因为我而勇敢地闯进来，而且更轻易地触摸成功。

此时此刻，珠海英捷公司的每一位兄弟姐妹都在真诚地敞开怀抱，寄希望于用"开放、互联"的经营理念，帮助那些走在创业创新大道上的创业者，让在跨界转型中的传统企业经营者，让在O2O领域，在微商创业路上的伙伴们不再孤单和无助。

为了更好地将我的实践经验，将我在梦想之路上的心得分享给大家，在我的团队的支持下，我还会在全国范围内举行"微时代"的互联网思维、企业的综合实力运用、客户服务创新与变革、整合营销与新媒体工具运用、营销策划和实施流程等公开课，言传身教地为每一位听众指点创业迷津。同时，这本书，也是我想要与大家分享的研究成果之一。

不管未来有多远，这样的事情我会一直做下去，努力帮助每一个创业者洞悉创业背后的商业逻辑。这是我的梦想，也是我始终执着如一的动力所在。我希望这样的课题研究，能够为创业者的创业工作，为大家的企业经营，带来积极的帮助，如此，我当无比欣慰。

当然，我更希望的是，这本书能够成为一座桥梁，连接你我，让我们在前进的道路上互通有无，共同释放"互联网+"的力量，实现创业梦，实现中国梦！

作者